영웅앓이

트롯아! 너 심리를 아니?

김은주

박영
story

프롤로그

그들은 왜!
달리는 관광버스에서 미친 듯 춤을 출 수밖에 없는가?

2009년 봉준호 감독의 영화 〈마더〉의 마지막 장면은 중년 남녀들이 달리는 고속버스 안에서 미친 듯이 춤을 춘다. 한 사람 겨우 지나갈 버스 통로 안에서 차 전체가 뒤뚱거릴 정도로 흔들어대는 모습이라니! 버스는 달리고 있지만, 공간은 폐쇄적이다.

가무를 즐기는 남녀는 사회적으로는 중견의 위치에서 경제적으로 어려움 없이 지내는 듯 보인다. 그러나 명예퇴직의 압박을 받기도 하고, 집안의 대소사에서 의견이 무시되기도 하며, 잘 나가는 친구들 모임에서 소외되기도 한다.

흐르는 세월의 허탈함과 외로움, 인생의 헛헛함에 시달리는 이들! 그들이 바로 전쟁을 겪은 부모 세대 밑에서 자라고, 가부장적인 남편과 가정을 위해 청춘을 보낸 그들, 청년과 노년 사이의 '낀 세대' 중년이다.

달리는 버스 안에서 미친 듯이 춤을 출 수밖에 없었던 우리 중년들에게 새로운 광야가 펼쳐졌다. 더 이상 밀폐된 공간에서 위험하게 몸을 흔들지 않아도 된다. 몇 해 전 혜성처럼 등장해 여전히 빛나고 있는 트로트가 그들의 새로운 문화가 되었다.

이 책은 트로트를 통해 억압된 욕구를 마음껏 표출 중인 58세대 중년들에게 과연 트로트가 어떻게 작용하고 있는지, 이 열풍이 그들의 어떤 정서를 이야기 해주고 있는지 심리학을 통해 살펴보고자 한다.

차례

PART **3**

7

일러두기

1. 맞춤법과 외래어 표기는 국립국어원의 용례를 따랐다. 다만, 국내에서 이미 굳어진 용어의 경우는 통용되는 표기로 사용했다.
2. 노래 제목은 홑꺽쇠 〈 〉, 앨범명은 겹꺽쇠 《 》, 중요한 제목이나 강조, 저자의 직접 발언은 따옴표 ' '나 쌍따옴표 " "를 사용했다.
3. 책 내용의 이해를 돕고자 가수나 노래를 언급하였으나, 초상권이나 저작권 등은 모두 지은이의 것이다.

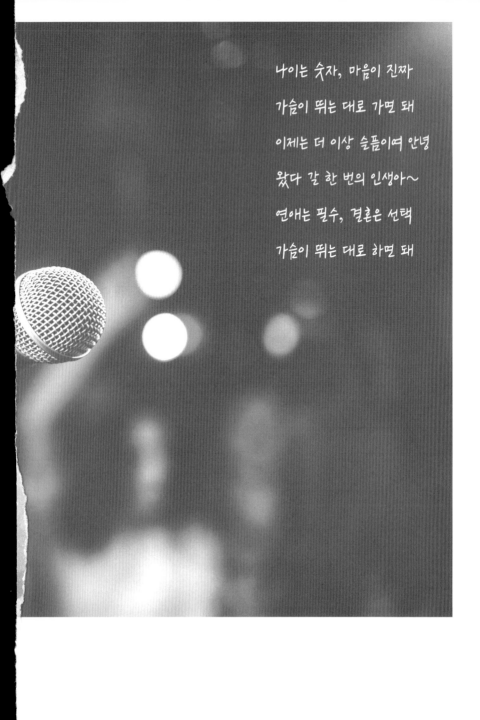

나이는 숫자, 마음이 진짜

가슴이 뛰는 대로 가면 돼

이제는 더 이상 슬픔이여 안녕

왔다 갈 한 번의 인생아～

연애는 필수, 결혼은 선택

가슴이 뛰는 대로 하면 돼

트로트가
당긴
방아쇠

중년 덕후, 행복한 '빠순이'

중년의 외침 "빠순이면 어때? 행복하면 그만이지!"

나이 40이 넘어 찾아온 짝사랑 때문에 살맛이 난다면, 그것은 유죄일까? 무죄일까?

우리 엄마들이 변했다. 중년 모임을 겨냥한 패키지여행 상품을 선보이면, 부지불식간 매진이 된다. 그동안 가족경제를 떠받치며 부양의 주체였던 중년은 자기다움을 실현하는 소비 주체로 변화하고 있다. 여행계, 문화계 등은 중년 소비자의 관심사, 움직이는 곳 등 패턴을 분석하며 그들의 소비 동향을 따라가기도 하고, 이들의 심리를 활용해 새로운 시장을 만들어 내려 한다.

이를 증명하듯 연예인의 굿즈를 사고, 콘서트를 쫓아다니는 이른바 '팬덤 문화'가 10~20대 젊은이들만의 향유물이라는 관념을 깨고 '(아)줌마들의 팬덤'으로 또 다른 문화를 형성하고 있다.

　　'광신자'라는 의미의 파나틱(fanatic) 혹은 팬(fan)이라는 영어 단어의 영토를 뜻하는 돔(dom)이 합쳐져 아이돌 스타 같은 인물을 열성적으로 좋아하는 집단을 팬덤, 그런 흐름을 팬덤 현상 혹은 팬덤 문화라 한다. 다소 비하적인 단어로는 '빠순이가 만들어 내는 문화 현상'이다.

　　지난 몇 해 동안 긴긴 코로나 팬데믹을 겪으면서 질병에 대한 공포, 단절과 고립을 경험했다. 이 시기 우리에게 강력한 진통제로 《미스터 트롯》이 등장하였다. 그것은 중년들의 팬덤 문화에 마중물 역할을 했다. 예를 들어, 방송사들은 앞다투어 트로트 관련 프로그램을 편성했고, 트롯맨 임영웅의 공연 티켓은 예매 창이 열림과 동시 몇 분 만에 완판되는 기이한 현상이 벌어졌다. 경제적으로 왕성하게 활동하는 중년들은 이제 우리나라 소비문화에 있어 큰손이 된 것이다.

젊은이들의 아이돌 팬덤 문화가 이제 40대, 50대, 60대, 그 이상까지도 포함하는 중년들에게 파고들었다.

왜일까? 과연 그 심리는 무엇 때문일까?

중년은 외롭다. 또한 중년은 인생의 갱년기이다. 열심히 살았다고 생각하며 달려왔는데 돌이켜 보니 도대체 무엇을 위해 살아가며, 과연 이대로 살아도 괜찮은 건지에 대한 고민으로 잠을 이루지 못한다.

심리학에서는 이를 '중년의 위기(midlife crisis)'라 설명한다. 긴 인생의 여정에서 중년은 길을 잃고, 정체성에 혼란을 겪는 것이다. 제2의 사춘기가 왔다.

대개 1970~1980년대 초고속 성장기를 살아 온 40~50대들은 정신없이 앞만 보고 달려오느라 '나는 누구인가'와 같은 자아 정체성에 대한 심리학적 사유를 할 여유 없이 중년을 맞았다. 그러다 보니 중년에 이르러 세상에 홀로 버려진 듯한 외로움과 공허감 그리고 무기력감은 더욱 크게 느껴지게 된다.

온갖 굴곡진 삶을 꿋꿋하게 살아온 중년들에게는 고단한 삶을 토닥여주듯 위로가 필요하다. 마음의 빨간 약을 발라 주어야 할 때이다. 이것은 그동안 양가 부모님을 부양하는 딸과 며느리, 집안의 대소사를 챙기는 아내, 아이들을 돌보는 엄마의 역할(Role)에서 벗어나 진정한 나 자신을 찾아가는 여정이 시작되었다는 것을 의미한다. 심리학자 융(Carl. Jung)은 이 시기에 겪을 수 있는 여러 가지 정신적인 문제들(우울, 불안, 공허감 등)은 '진짜 나'를 찾으라는 메시지라고 분석한다.

그렇다면 왜 하필 트롯맨인가?

진정한 나를 찾아간다는 것은 그동안 내가 스스로 억압

해온 나의 그림자(사회적 통념에 맞춰 사느라 억눌렀던 열정과 즐거움) 즉, 숨겨두었던 욕구를 의식으로 떠올려 통합해가는 과정일 수 있다.

육아와 살림을 해 오며 투박하게 변한 지금 나의 모습이 아닌 예전 그 시절, '수줍은 소녀의 모습으로 내 인생이 반짝일 수도 있지 않을까?' 하는 기대감이 투사되어 있다.

숨겨둔 욕구와 억압해왔던 심리 속 혼란을 겪는 중년에게 대중적인 우리의 트로트는 그네들의 마음을 파고들어 중년들의 마음에 불씨를 지피는 도화선이 되었다.

억눌렸던 남성적 성적 매력인 '아니무스' 즉, 남성미가 트롯맨에게 투사되고 이를 통해 만족감을 얻는 것이다. 이것은 여성인 내가 나만의 즐거움과 몰입을 통해 진정 '여성스럽다'라고 느끼게 해주는 중요한 심리적 기제로 작용한 것이다.

'내가 진정 살아있는' 느낌은 중년 여성들의 두려움 중

하나인 '늙어감'에 대한 공포를 줄여주는 역할을 한다. 가장 저렴하고 손쉽게 세상의 어떤 것을 통하여 위로받게 된다. 나와 비슷한 빠순이들과 소통하며 소속감과 연대감을 느끼기도 한다.

어쩌면 지난날 고단한 삶을 지나온 그들에게 당연히 누릴 수 있는 인권 회복의 한 단계는 아닐까!

한마디로 사회적 약자인 여성은 스타를 통해 대리 만족과 보상받기를 바란다. 팬덤이 소속감과 성취감을 제공한다면 이것은 매슬로(Maslow)의 욕구 5단계에서 자아실현의 욕구로 향하는 매우 긍정적인 현상일 것이다.

한국적 정서에 꼭 맞는 트로트를 만나 '제2의 사춘기'를 설레는 마음으로 극복해 나갈 수 있다면, 그것은 무죄일 것이다.

나이 40이 넘어 찾아온 짝사랑으로 인해 기꺼이 행복하다면 소리치자.

빠순이면 어때? 행복하면 되지!

바야흐로 지금은 트로트 전성시대

트로트 음악의 역사는 깊다. 한국의 대중음악사는 트로트와 함께 시작되어 무려 100년의 역사를 자랑한다. 1929년 무성영화 삽입곡으로 최초의 대중가요라는 타이틀을 얻은 이정숙의 〈낙화유수〉가 발표되었다. 그 뒤 등장한 최희준·패티킴의 스탠더드 발라드, 신중현·키보이스의 로큰롤, 한대수·김민기의 포크보다 최소한 30~40년 더 앞선다.

트로트의 탄생이 일제 강점기라는 주장은 트로트의 태생적 한계로 따라붙는다. '트로트가 일본 것이냐, 아니냐?'는 국적 논쟁은 유서가 깊다. 그 불씨는 여전히 꺼지지 않았다.

한국 학계에서는 트로트가 일본의 '엔카'로부터 영향을

받아 식민시대 비탄에 빠진 국민의 정서가 반영되어 보급된 것이라며 비판적 해석을 가하지만, 일본 일각에서는 "엔카의 원류는 한국이며 특히 영남 쪽 민요에 기원을 둔다"라는 주장도 있다. 트로트의 고된 숙명은 훗날 60년대 '왜색' 시비로 이어진다.

트로트는 애초 도시의 세련된 음악으로 출발해 폭넓은 사랑을 받았지만, 어느 순간 '뽕짝'이라는 멸시와 맞물려 저학력과 가난한 서민 음악의 대명사로 폄훼된 인식으로 자리매김했다.

질긴 생명력의 음악이라고 할까. 아무리 사회적 지체가 높아도 고학력 소지자라도 나이가 들면, 노래방에서 자신도 모르게 트로트 한 가락을 뽑고야 마는, 지금도 살아 있는 '백 투 트로트' 관습은 꺾이지 않는 트로트의 위상을 말해 준다. 오랜 역사를 통해 증명된 트로트 음악의 힘은 무엇보다 전 국민적이고 세대 포괄적이라는 데 있다.

30년대 말부터 해방 전까지 수많은 트로트의 별들이 쏟아져 나왔다. 놀라울 정도의 긴 호흡을 자랑했던 〈애수의 소야곡〉은 미성 가수 남인수와 20세기 최고 가요로 손색이 없는 〈목포의 눈물〉을 부른 이난영은 남녀 대표 가수로 손꼽힌다.

해방 후 등장한 가수로는 단연 현인을 빼놓을 수 없다. 그는 매우 심한 떨림을 강조한 특이한 음색으로 시대를 풍미하며 〈굳세어라 금순아〉, 〈신라의 달밤〉을 비롯한 그의 노래는 가수든 일반인이든 누구랄 것 없이 유행처럼 모창하곤 했다.

이후 라틴 댄스음악과 한국전쟁 후 미군정 통치와 함께 재즈 스타일 스탠더드와 록 등 미국 음악이 쏟아져 들어왔지만, 여전히 트로트는 막강했다.

특히 단조의 비애감을 강조한 구슬픈 멜로디는 60년대

경제개발의 고달픈 삶을 위로해 주기라도 하듯 대중들에게 스펀지처럼 흡수되었다. 이를 증명이라도 하듯 〈엘리지의 여왕〉, 〈동백 아가씨〉를 노래한 기교와 장식이 전혀 없는, 있는 그대로의 순정 보이스를 전한 이미자가 있었다.

하지만 트로트의 위력을 꼭짓점으로 끌고 올린 주역으로 남진과 나훈아를 빼놓을 수는 없다. 1967년 남진의 〈가슴 아프게〉라는 노래가 초미의 관심을 끌며 최정상에 우뚝 섰고, 1969년 나훈아의 〈사랑은 눈물의 씨앗〉으로 인기 가도에 불을 지폈다.

영호남 대결이라도 하듯이 남진과 나훈아는 동시대 야당 40대 기수인 목포 출신의 김대중, 부산 출신의 김영삼과 같은 지역 출신으로 우리나라를 둘로 쪼개는 극심한 라이벌전을 펼치는 진풍경이 벌어지기도 했다.

70년대에 들어와 신중현과 키보이스의 록(그룹사운드), 한

대수·김민기·송창식·이장희·김정호의 포크가 청춘의 열정과 낭만을 대변하면서 트로트는 급속도로 위축되었지만, 록과 트로트가 결합한 새로운 장르가 발현되기도 했다.

1976년 조용필의 〈돌아와요 부산항에〉가 발표되고 뒤이어 최헌의 〈오동잎〉, 윤수일의 〈사랑만은 않겠어요〉, 김훈의 〈정 주고 내가 우네〉, 함중아의 〈내게도 사랑이〉 등 록과 트로트가 결합한 '트로트 고고' 스타일을 새롭게 선보였다.

80년대 들어 '가왕'으로 떠오른 조용필이 가요계를 대표하는 대중의 아이콘으로 부상하며 트로트는 그 명성을 되찾기 시작했다. 비슷한 시기 김연자의 〈수은등〉, 김수희의 〈명에〉가 발표됐다. 1979년 고(故) 박정희 대통령 궁정동 시해 사건과 연루되어 공식 활동이 어려웠던 심수봉은 1984년 〈남자는 배 여자는 항구〉로 날갯짓을 시작해 트로트 상승기류에 힘을 보탰다.

1980년대 후반 '보통 사람들'의 이미지와 어울리는 주현미와 현철이 인기를 얻는다. 자극적이고 매혹적인 음색의 주현미는 〈신사동 그 사람〉과 〈짝사랑〉, 현철은 〈봉선화 연정〉과 〈싫다 싫어〉가 대중의 사랑을 받으며 성장했다. 일부는 이들의 경쾌한 폭스트롯이 트로트 음악 전반에 걸쳐 '관광버스용' 위락 음악으로 전락시켰다는 비판도 있었다.

90년대로 넘어가면서 대중음악의 흐름은 성인가요라 불리는 트로트에서 젊은이들이 즐기는 댄스와 발라드로 이동한다. 이 시기 현철과 더불어 미국에서 돌아온 태진아·송대관·설운도가 '남자 트로트 4강 체제'를 구축했지만, 그 체제가 너무 오래가는 바람에 신예의 등장이 더뎌졌고 트로트계로 입성하려는 가수들에게는 높은 문턱이 되었다.

최근에는 트로트하면 자연스럽게 선거가 떠올려진다. 트로트의 파워는 선거 기간을 통해 확인할 수 있기 때문이다.

여·야, 무소속 후보 가릴 것 없이 후보자의 상당수가 로고송으로 트로트를 차용한다. 이는 트로트가 갖는 서민적 정서와 박자가 갖는 흡입력을 인정한다는 의미일 것이다.

80~90년대 약간의 정체기를 맞은 것 같았던 트로트는 팬데믹을 거치며 부활하기 시작한다. 2020년 TV 종편(종합편성)채널에서 선보인 트로트 서바이벌 오디션 프로그램 《미스터 트롯》이 그 신호탄이 되었다. 중·장년층, 노년층뿐 아니라 2030세대, 더 나아가 10대마저 사로잡으며 대한민국을 뜨겁게 달궜다.

원래 트로트의 음계는 파와 시 음을 뺀 단조 5음계(도-레-미-솔-라)이고, 박자는 4분의 4박자로 2박 계열인 '쿵작쿵작'으로 이루어져 있다.

음계와 박자가 비교적 단순하기에 트로트는 '꺾기'라 불리는 기교에 한(恨)과 희로애락을 곁들여 간드러지게 부르는 것이 특징인데, 최근 트로트는 변했다. 단조롭던 음계와 박자를 깨부수고 발라드, 록, 댄스 등 다양한 장르와 접목해 '신박'해졌다.

사랑 노래가 주류의 레퍼토리였던 이전의 노래 가사에 비하면, 가사 역시 다양한 소재를 다루고 있어 팬층을 더 넓혀가는 양상도 엿볼 수 있다. 또 한 가지 빼놓을 수 없는 최근 트로트의 매력은 마술이나 태권도, 발레 등을 가미된 퍼포먼스이다. 그간 아이돌만의 전유물이었던 춤 역시 트로트 박자에 맞춰 화려한 변신을 멈추지 않고 있다.

한국인의 정서인 한(恨)을 담은 트로트는 이제 변했다.

우리의 정서가 변했듯이!

트로트, HOT 한 이유

《미스트롯》은 트로트라는 장르에 불을 붙였다. 전 국민이 이 새로운 트로트 오디션 프로그램에 열광했다. 새로운 스타가 나왔고, 이 열기를 이어 이듬해 《미스터 트롯》을 거치며 더욱 뜨거워졌다. 2019년부터 시작된 트로트의 부흥은 그야말로 '열풍'이라 부를 수밖에 없는 현상으로 지금도 유효하다. 결국 트로트가 새로운 대중문화로 자리 잡기 시작했다.

트로트는 일제 강점기 일본의 엔카에 영향을 받아 생긴 음악 장르라는 설이 주요한데, 한국인의 정서를 담고 있는 대중문화 중 일본의 엔카와 비슷한 점이 많기 때문이다. 노래의 형식, 멜로디, 사랑, 이별 등 스토리텔링도 유사하다.

트로트라는 어원은 춤 이름에서 비롯됐다. 미국에서 시작된 폭스트롯(Fox Trot), 터키트롯(Turkey Trot)이라고 불리는 댄스는 사교계 모임에 자주 등장했다. 당시 미국은 댄스홀이나 카바레 등 한 공간에 모여 술과 노래, 춤을 즐겼는데, 이때 DJ가 틀어야 할 적당한 음악이 필요했다. 춤을 위해 만들어진 카바레용 악단의 연주 음반에는 사교댄스라는 의미의 '도롯도'라는 단어가 있다. 이 단어가 일본으로 건너오며 일본식 발음인 '트로트'로 변화되었다. 트로트는 도롯도 정도로 사용된 춤 용어에 불과했다.

오늘날 우리가 사용하고 있는 트로트라는 용어는 한국에서 1980년대 이르러서야 사용했다. 1980년대까지 트로트는 정식 명칭 없이 전통가요, 성인가요 정도로 불렸고 우리에게는 '뽕짝'이라는 용어가 더 친숙한 것이 사실이다. 트로트가 쿵짝쿵짝, 두 박자를 반복하기 때문에 불린 말이다.

댄스와 발라드, 록 등 대중가요를 향유하는 10~20대 젊은이들이 주류를 이루던 그 시기, 2000년대 들어 김연자의 〈아모르파티〉와 나훈아의 〈테스형!〉이라는 노래가 대중들에게 발표된다. 이 두 곡은 트로트계에 새로운 지평을 열며 젊은이들 사이에서 열렬한 호응을 얻게 된다.

철학자 아도르는 "예술은 자체 내에서 질적으로 변한다." 라고 말하듯이 트로트는 '한물간 노래'가 아니라 젊은이들의 감성을 자극할 정도로 질적 변화를 이루어 낸 장르로 자리매김했다.

이제 트로트는 일반대중에게 소비되는 문화 자체이다.

그렇다면 거듭 진화하는 트로트의 부흥 배경에는 어떤 이유가 있을까? '옛것이 주는 심리적 안정감'이나 '뉴트로 (New+Retro)'라는 키워드에서 그 원인을 찾기도 한다.

아이돌과 댄스음악을 중심으로 편성됐던 대중문화가 변

하기 시작했다. 2019년 《미스트롯》을 기점으로 트로트가 오디션 영역에 들어왔다. 프로그램 자체가 대중의 이목을 끌고, 입소문을 통해 퍼져나가며 여러 세대가 관심을 끌게 되면서 트로트라는 장르에 대한 주목도가 높아졌다.

팬들이 아이돌 오디션 참가자를 응원하고 투표하면서 스타로 키워내듯, 대국민 응원 투표와 실시간 문자 투표를 통해 트로트 가수를 응원하며 키워내는 팬덤이 중장년층을 중심으로 새롭게 형성된 것이다. 《미스터 트롯》은 중장년층의 팬덤 문화의 정점을 보여준 대표적 사례다.

인간은 무의식으로 생산자본능이 있다. 즉 '양육한다 혹은 키운다'라는 성취감이 우리를 자극하고 결국 팬덤 문화를 만든다 해도 과언은 아니다.

트로트 오디션을 탄생시킨 TV조선의 《미스터 트롯》은 유튜브와 SNS를 다양하게 활용하면서 팬덤 문화를 확대 재생산했다. 코로나19로 인해 일상에 지친 우리는 유튜브 혹은 TV의 오디션 프로그램의 콘텐츠를 지속해 공급받고 위로받았으며, 그로 인해 시청자의 생산본능이 발현되어 트롯맨들을 키운 것이다. 팬들에 대한 열렬한 충성도가 트로트의 부활을 만들어 내고 말았다.

그러면 왜 트로트냐?

과거의 트로트는 '4분의 4박자를 기본으로 강약 박자를 넣고 독특한 꺾기 창법을 구사하는 형식'으로 뻔한 방식에서 크게 벗어나지 못했다. 즉, 한스럽고 애달픈 구태의연한 시대를 대변하였고, 운율은 보편성을 지닌 것이 특징적이었다. 그러나 최근의 트로트는 달라졌다.

트로트는 '뮤트롯', '댄스트롯', '성악트롯'으로까지 진화하였다. 포르테디콰트로의 손태진과 레떼아모르의 길병민 등 성악가들이 트로트 프로그램에 등장해 '성악트롯'을 선보였고,

뮤지컬 스타 에녹은 특유의 퍼포먼스와 표현력을 《불타는 트롯맨》 무대에 더했다.

　　다양한 음악적 색깔이 트로트에 더해지면서 트로트는 중장년층 이상의 특정 연령대가 즐기는 음악을 넘어 전 연령대의 플레이 리스트에도 오를 수 있는, 말 그대로 대중적인 음악으로 확장되었다.

　　트로트와 성악을 오가며 활동하는 '트바로티' 김호중, '찬또배기' 이찬원도 발라드풍으로 변신을 시도하였고, 특히 우리의 히어로 임영웅은 발라드, 댄스, 포크송 등 다양한 장르를 그의 목소리로 담아내고 있다.

　　결국 그리고 하필이면 트로트가 HOT 한 것은 단조롭던 음계와 박자를 넘어 발라드, 록, 댄스 등 다양한 장르와 접목한 '참신함'이 아닐까! 와우~트로트의 신박함!

　　이는 동시대 대중음악으로 트로트가 여러 장르와 결합하

고 끊임없이 실험하며 현대와의 조화를 이루어 내려는 장르

적 진정성에 그 해답을 찾아가고 있는 것은 아닐까?

오팔(OPAL)이 밀고 있는 트로트 팬덤

혹시 당신도 오팔세대인가?

유행에 민감하고, 스마트폰에 능숙하며, 간편식을 즐기는 '오팔세대'가 등장했다.

오팔 OPAL 'Old People with Active Lives'는 삶을 적극적으로 즐기는 중장년을 뜻하는 신조어로 5060세대를 지칭한다. 흔히 베이비붐 세대를 대표하는 58년생 개띠의 '58'과 발음이 같아 그 무렵에 태어난 사람들을 말한다. 또, 보석 '오팔'을 뜻하기도 하는데, 오팔은 보는 방향에 따라 다채로운 색을 보여주는 독특한 성질이 있다. 지금은 다채로운 빛깔의 보석처럼, 오팔 OPAL의 전성시대인지도 모른다.

나이가 들면 유행에 뒤처지고 둔감할 것이라는 편견과 달리 오팔세대는 새로운 기술이나 트렌드를 배우고 도전하는 데 적극적이다. 특히, 스마트폰에 익숙해 모바일 검색이나 온라인 쇼핑에 능숙한 게 특징이 있다. 이런 특징 때문에 코로나19 유행 이전부터 온라인 쇼핑의 중요한 소비자층으로 오팔세대가 주목받기도 했다.

　　최근 트로트 유행의 주역도 오팔세대이다. 트로트는 우리의 애환과 추억을 담고 언제 어디서든 마음을 파고드는 매력이 있다. 쉽게 따라 부르기도 좋고, 누구라도 들으면 마음이 편안하며, 가사마저 서사적인 사연으로 아주 친숙하다. 그들이 청춘이던 70~80년대 그 시절을 주름잡았던 트로트가 대세로 돌아오자 오팔세대는 10대 아이돌 팬 못지않게 '내 가수 사랑'을 유감없이 보여주고 있다.

　　그래서일까? 아이돌 팬덤 집단처럼 팬덤 유니폼을 맞춰

입고 순회공연에 참가하는 것은 물론이고, 지하철역에 내 가수 생일 전광판 광고를 게재하기도 한다. 또한 내 가수를 음원 순위 순위권에 올리기 위해 '스밍 총공'은 빠질 수 없는 팬질(팬 활동) 중 하나이다. 우리의 팬들은 지나온 고단한 삶을 내 가수를 통해 보상받듯이, 오늘도 우리의 오팔은 가방을 질끈 메고 순회공연을 따라다닌다.

1020 중심에 BTS(방탄소년단)가 있다면, 5060은 트로트의 히어로 영웅이가 있다. 대한민국을 대표하는 K－팝 가수 BTS와 트로트 가수인 임영웅은 명성대로 수많은 팬덤이 형성되어 있는데, 팬들의 충성도가 BTS의 ARMY(아미, 방탄소년단의 팬클럽 명) 못지않다. 소비력을 갖춘 오팔세대에 행동력까지 더하여지니 트로트 팬덤은 잘 깨지지 않는 콘크리트 팬심!

국내뿐 아니라 해외에서도 막강한 팬덤을 거느린 K팝 아이돌을 제치고 음반 판매 1위에 오른다는 사실만으로 엄청난 변화와 오팔세대의 힘을 증명해 주고 있다. 트로트 가수가 음반 판매량으로 BTS와 어깨를 나란히 하게 될 줄을 누가 상상이나 했겠는가?

가수 설운도는 "기성 가수들이 40~50년 걸려도 못한 것을, 아이돌급 젊은 후배들이 등장하면서 단 5년 만에 판도를 바꾼 것"이라고 말했고 이는 음반 업계의 기적이 아닐 수 없다.

한마디로 1020만큼이나 트렌드에 민감하면서도 지나온 세월의 지혜를 가진 오팔세대. 이제 소비시장의 큰손, 큰 고객이 되었다.

이런 추세가 지속된다면, K-트로트 영향력이 K-팝을 뛰어넘을지도 모를 일이다. 'MZ 세대 트로트'가 K-팝과 어깨를 나란히 하며 향후 '10년 트렌드'로 지속될 것이란 전망 속에 머지않아 한국과 일본을 아우르는 K-트로트 한류스타의 등장도 기대해 볼 만하다.

특히 임영웅에 대한 중장년층의 지지는 놀라울 정도이다. 임영웅은 2020년 방송된 《미스터 트롯》에서 우승하며 단숨에 국민가수가 됐다. 당시 부른 〈바램〉과 〈어느 60대 노부부 이야기〉로 시청자의 마음을 사로잡더니, 드라마 OST 〈사랑은 늘 도망가〉와 첫 정규 앨범 〈아임 히어로(IM HERO)〉를 차례로 발표한 뒤 전 국민적인 관심과 사랑을 받고 있다. 주변에서 '나 영웅 앓이 하고 있다'라는 이야기를 흔히 들을 수 있을 정도로 임영웅 팬덤은 신드롬(증후군)처럼 형성되었다.

남녀노소를 아우르는 팬덤을 거느린 임영웅은 K-팝 팬덤까지 사로잡으며 세계적인 K-팝 가수들의 활동 성지라 불리는 '블립(Blip)'에 입성했다. 블립은 K-팝 덕질에 필요한 모든 기능과 서비스를 팬들에게 제공하는 앱으로 뉴진스, 블랙핑크, 트와이스 등 70여 케이팝 아티스트가 이 서비스를 이용하고 있다. 트로트 가수로서는 임영웅이 첫 가입자로 서비스를 오픈하며 1,300명을 돌파하는 막강한 영향력을 증명했다. 이제 영웅시대(임영웅 팬덤명)는 블립(Blip)을 통해 임영웅의 스케줄, 트위터, 커뮤니티, 차트 소식 및 각종 데이터를 한번에 확인, 좀 더 편리한 팬덤 활동을 즐길 수 있다. 더욱이 덕질일기 '팬 로그' 기능도 이용할 수 있게 되었으니, 새로운 형태의 팬덤 문화를 완성 시켜 나가지 않을까?

임영웅 가수 팬들의 활동을 보면 팬들의 세대 감성을 느낄 수가 있는데, 오팔세대가 주류를 이루는 만큼 뭉클하고 감동적일 때가 많다. "무명 시절 군고구마를 팔면서도 자기보다 어려운 이웃을 헤아렸던 마음 따뜻한 가수를 닮은 임영웅"을 표방하며 팬들은 가수로부터 받은 선한 영향력을 왕성한 기부 활동으로 이어 나간다. 불운하다고 느낀 자신들의 삶을 스스로 위로라도 하듯이 말이다. 건조하고 퍽퍽했던 팬들의 삶에 따뜻한 온기와 윤기가 얹어지는 순간이다.

기부를 통한 선한 나비효과는 K-팝의 팬덤과는 어쩌면 사뭇 다를 수도 있다. 굴곡지고 어려운 시대를 이겨낸 세대만의 따뜻함, 그 자체 발광이다. 오팔만이 낼 수 있는 은은함으로 말이다.

팬들의 사랑을 먹으며 살아가는 대중가수

대중가수들에게 팬심은 무엇을 의미할까?

대중가수와 팬은 아마도 사랑의 감정으로 맺어진 관계일 것이다. '한 번 해병은 영원한 해병'이듯 '한 번 팬클럽은 영원한 팬클럽'이어야 한다. 이렇듯 한 가수를 사랑하는 마음은 결국 콘크리트 '팬심'으로 굳혀진다.

팬덤(fandom)은 특정한 인물을 열성적으로 좋아하는 집단을 말한다. 팬덤은 단순하게 특정 스타를 좋아하고 지지하는 것을 넘어 시대 흐름에 맞추어 빠른 변화 양상을 보이며 우리 사회의 문화로 정착했다.

과거 팬덤은 특정 스타를 좋아하는 10대 소녀들을 중심으로 이뤄진 소위 '빠순이(모든 일을 제쳐두고 스타를 맹목적으로 응원하는 여성들을 일컫는 말)'에 불과했다. 지나치게 스타를 추종하며 사리 분별 못하는 문제집단 혹은 꼴통이라는 부정적 인식이 짙었다. 하지만 이제는 활동 반경과 방식의 변화로 한국 사회 대중문화를 좌지우지할 만큼 막강한 영향력을 행사한다.

그럼 팬질(적극적인 팬클럽 활동)도 진화하는 것일까?

"요즘 애들은 팬질 편하게 한다"라는 말이 나올 정도로 팬 활동 형태에도 많은 변화가 있다.

팬질의 시초(?) 혹은 시작은 '조용필의 오빠 부대'라 불리는 팬들이었다. 그들은 음반 구매와 콘서트 티켓 예매가 최선이었다.

1990년대에 접어들며 지금의 팬질 문화가 본격화되었고, 2000년대인 현재 인터넷 사용이 보편화되면서 팬덤 활동은 더욱 다양하고 광범위해졌으며 또한 편리해지기까지 해졌다. 군이 레코드점에 가지 않아도 인터넷으로 앨범을 구매할 수 있고 음원사이트를 통해 음악을 구입해 휴대전화로 듣기도 한다. 또 콘서트 티켓 역시 인터넷 예매 시스템으로 바뀌었다. 우비와 풍선에 불과했던 굿즈는 티셔츠, 야광 머리띠, 응원봉, 다양한 캐릭터 상품 등으로 풍성해졌다.

최근에는 스마트폰의 보편화와 SNS의 활성화로 방송 외에 스타들의 사생활까지도 공유할 수 있게 됐다.

스타를 아끼고 사랑하는 마음은 모두 똑같겠지만, 한편으로 스타에 대한 지나친 집착, 도 넘은 사랑이 때론 독이 되어 스타를 고통스럽게도 한다.

이것은 지나친 소유욕이나 질투 콤플렉스로 발전하기도 하는데, 그 결과 자신이 응원하는 스타와 경쟁 관계에 있는 사람을 적대시하거나 심지어 안티행동(악플러)으로 이어져 문제가 되기도 한다. 이것이야말로 분명히 옳지 않은 행동이다. 사랑도 지나치면 부작용을 낳는 법!

스타를 내돈내산(내 돈 주고 내가 산)이라 생각하거나 이에 따라 내 맘대로 할 수 있는 소유물로 보는 경향은 비뚤어진 생각이다. '스타를 상품으로 보는 시각'은 그릇된 소비 자본주의의 폐해라 할 수 있다.

변화된 대중문화의 중심에 선 빠순이들의 팬질 행동도 바꿔야 할 부분이 분명히 있다. 스타 개인에게만 집중하던 팬덤 문화가 그 주변과 사회로 활동 범위가 확대되기를 기대해 본다. 예를 들어 스타의 이름을 내걸고 물품이나 현금을 기부하는 일, 팬들이 십시일반 모은 돈으로 구호 물품을 구입하여 기부하는 일, 질서 있게 콘서트 관람 후 자기 자리 치우기 등 높은 수준의 팬덤 문화가 보여주는 일례가 아닐까.

콘텐츠 소비와 무형적 경험을 소비 행동만으로 끝내지

않고 기부와 같은 사회참여 활동으로 확대해 나간다면, 매우 긍정적인 나비효과가 지속될지도 모르니까 말이다.

목소리도 영웅급, 외모도 영웅급, 나눔까지도 영웅급으로 실천하는 트로트 가수 임영웅과 '영웅시대'의 팬덤 기부(임영웅 씨와 관련한 기념일이나 행사가 있을 때마다 기부에 적극적으로 동참해온 것)는 팬과 스타의 선한 영향력이 제대로 발휘된 대표적인 팬덤 기부 문화 사례임이 틀림없다.

이렇듯 트로트 열풍을 타고 기존의 MZ 세대 중심에서 벗어나 전 세대로의 팬덤 기부 문화로 확장되고 있다.

앞으로 더욱 스타와 팬의 선한 시너지가 더욱 뿜뿜! 하기를 기대해 본다.

자신을 사랑해야 남도 사랑하지!

　사람들은 흔히 '너 자신을 사랑하라'고 말하지만, 스스로를 소중히 여기고 진정으로 사랑하는 사람이 얼마나 될까?

　만약, 타인이 나를 사랑하지 않는다 하더라도 나 자신이 스스로 떳떳하게 자기를 사랑하고 존중할 수 있을까?

　Love yourself는 자기애를 뜻하지만, 정신분석 심리학에서 프로이트는 자기애가 지나치게 과도하면 '나르시시즘'인 인격장애를 겪게 될 수 있다고 말한다. 나르시시즘은 그리스 신화에서 나오는 나르키소스(Narcissos)라는 소년의 이름에서 유래한 것으로 호수에 비친 자기 모습에 반하여 지나치게 사랑하다가 결국에는 물에 빠져 죽고 말았다는 이야기이다.

자기 자신에 대한 사랑이 지나치면 몰입한 나머지 타인과의 원만한 관계 맺기에 어려움을 겪어 문제가 될 수 있다. 이를 자기애성 성격장애라 부르는데, 이기적인 것과는 다른 개념이다. 자신을 사랑하지만, 타인을 사랑하지 않은 것을 말한다. 그러나 적당한 자기애는 꼭 필요하다. 자기애가 있어야만 마음이 건강하기 때문이다. 자기애는 이기적인 것과는 다른 개념으로 이타주의적인 공공의 이익을 우선하는 경향을 보인다.

자신만을 사랑하고 타인을 사랑하지 않고 배척하는 것은 이기적이지만, 어쩌면 이기주의자들은 진정으로 자기 자신을 좋아하지 않을 수 있다. 이기적인 사람은 지나칠 정도로 자기 자신을 돌보고 있는 것 같지만 사실은 진정한 자아를 성찰하는 데 실패한 자로서 자신에 대한 혐오감을 보상하기라도 하듯이 높은 성곽을 쌓고 자기를 더욱 사랑하는 척한다. 그러므로 자기 자신을 진정으로 사랑하는 사람은 절대로 이기주의자가 될 수 없다.

자기애를 갖기 위해 우리는 어떻게 해야 할까?
우선 타인과의 비교를 당장 멈춰야 한다.
과연 그것이 쉬운 일일까?

현대를 살아가는 우리는 타인과 비교하지 않고 의식하지 않으며 살아가기란 불가능하다. 타인과 비교해서 문제가 되는 것이 아니라 근본적인 이유는 '자기 자신에 대한 진정한 믿음과 자신감'이 부족하기 때문일지도 모른다.

자기 잠재력과 가능성을 믿는 사람은 남들 보기에는 다소 부족해 보일지 몰라도 스스로에게는 자신의 미래를 긍정적으로 해석함으로써 스스로를 소중하게 아끼고 가치가 있는 존재로 여길 줄 안다.

이런 의미에서 80년대 발표한 김연자의 〈아모르파티〉는 니체의 철학을 닮아있다. 타인과 비교하며 풀 죽어있지 말고 자신에게 주어진 운명을 사랑하라는 것이다. 현대인의 삶 속에서 돈과 권력을 위해 치열하게 싸우기보다는 한 번뿐인 인생을 즐겁게 살아보자는 그 메시지!

그 가사에 공감하고 쉬운 율동과 흥겨운 박자에 맞춰 대중들은 여러 트로트 곡 중에서도 특히나 〈아모르파티〉를 사랑하는 애창곡으로 꼽는다.

다시 말해 누구나 돈과 권력을 갈망하지만, 현실은 번번이 사람들의 기대를 외면하기에, 채울 수 없는 욕망보다는 새로운 관점에서 마음을 내려놓는 여유로움을 찾는 길을 가보자는 메시지에 우리는 공감한다.

트로트 〈아모르파티〉처럼 사람은 누구나 '빈손으로 와서 소설 같은 한 편의 이야기를 뿌리'는 인생을 산다. '모든 것을 잘할 순 없다.' 그리고 '오늘은 더 나은 내일'을 만들도록 자신을 믿는 것이 필요하다. 우리는 용기를 내야 한다.

> 나이는 숫자, 마음이 진짜
> 가슴이 뛰는 대로 가면 돼
> 이제는 더 이상 슬픔이여 안녕
> 왔다 갈 한 번의 인생아~
> 연애는 필수, 결혼은 선택
> 가슴이 뛰는 대로 하면 돼

유쾌한 트로트를 들으면서 자신에게 주어진 운명을 긍정하고, 지금 여기에 충실함으로 오늘보다 더 나은 내일 만들 수 있는 자기애를 갖자.

타인의 평가에 연연하지 말고 자신의 가능성을 믿어보자.

설령, 실망하고 만족스럽지 못한 결과가 나올지라도 자신을 사랑하는 성숙한 자기애를 가져 보면 어떨까!

이제 인생을 아모르 파티하자!

운명을 사랑하라!

김연자_ 아모르파티

엄마들의 BTS

　　서점에 가보면 동시대의 흐름이나 경향을 한눈에 볼 수 있다. 최근 출판업계를 통해 알 수 있는 가요계 거대한 팬덤을 보유한 것은 누규?

　　바로 BTS와 임영웅이다. 두 책 모두 예약 판매와 동시에 베스트셀러 순위 경쟁으로 이어져 그 뜨거움을 알 수 있다.

　　BTS팬은 주로 10~20대, 임영웅의 팬은 50~60대이다. 사춘기와 갱년기의 경쟁 같다. 팬층은 달라도 공통분모가 있다. 그것은 친근한 영웅들을 키워내고 있다는 사실이다. 스타를 키워낸다는 '모성 본능'일지도 모른다. 수동적인 '숭배의 대상'이 아닌 적극적으로 참여(Participate)하여, 만들고(Make)

콘텐츠를 소비(Consume)한다는 것이다.

다시 말해보면 인간은 유일한 존재이다. 누구든, 언제든 죽어 흙으로 돌아가는 자연의 일부다. 한때를 풍미했던 위대한 스타들도 죽었다. 우리도 죽는다. 그래서 5060 중년들은 곧 맞이하게 될 노년의 허무함을 달래고자 의미 있게 무엇인가를 만들고 소비해야만 했다. 한마디로 '창조와 소비 본능'을 일깨웠다.

결국 임영웅을 선택하였고, 전파하기 위해 온갖 고생을 기꺼이 한다. 기존의 팬들처럼 스타의 콘텐츠를 단순히 소비하는 데 그치지 않고, 새로운 임영웅의 팬덤을 문화로 진화시킨 것이다.

'21세기 비틀즈'라고 불리는 BTS처럼… 임영웅은 5060의 BTS가 되어 있지 않는가?

임영웅의 결속력은 스타 관련 굿즈(Goods)나 행사 티켓 구매 등 물질적인 소비에만 치중하는 다른 팬덤과는 달리 임영웅과 동참하는 선한 영향력을 전파하는 직간접의 가치 소비를 이루고 있다.

디지털 문화에 익숙하지 않음에도 불구하고 미디어 환경을 비웃기라도 하듯이 열심히 동영상을 만들고 SNS의 활동에 누구보다도 열정과 재미와 의미를 느끼고 있다. 마치 인생의 허무함을 보상받기라도 하듯 '자신의 정체성'을 찾고자 열심이다. 이런 현상은 한국 아줌마계 역사에 전무후무하다. 마치 2003~2004년 '가을 연가'의 욘사마 열풍처럼 중장년층의 전폭적인 지지가 사회에 큰 파장을 일으킨 현상처럼 말이다.

이와 같은 현상을 프로슈머라 하는데, 소비자가 곧 생산자가 되는 것을 말한다. 미국 사회학자 랜달 콜린스(Randall Collins)는 '개인이 상호관계를 지속한다면 정서적 에너지가 생성된다.'고 말했듯 임영웅을 사랑하는 멤버들은 공식 카페 활동이나 SNS, 유튜브를 공유하는 것은 집단 내의 친밀성을 더욱 강화한다.

겸손한 인격과 절제된 태도, 심지어 편안하게 노래 불러 위로를 주는 가치를 임영웅의 가치를 맨 처음 알아본 우리의 중·장년층은 임영웅이 자신이 살아있음을 아직도 쓸모 있는 존재임을 알게 해주었다. 그래서 어제도 오늘도 내일도 외친다.

영웅아!! 너는 나의 피, 땀과 눈물

지난 4월에 방송된 MBC《프리한 닥터》에서 '트로트 영웅' 임영웅의 어마어마한 수익을 조명하는 '돈방석에 앉은 트로트 왕' 특집을 선보였다. 임영웅은 이번에도 순위 변동 없이 1위 자리를 지켰다.

어쩌면 개인 수익을 BTS와 비교하여 개인 수익으로 따지면 임영웅이 더 나을 수도 있다. 또한 임영웅은 지난해 모델 활동으로 벌어들인 수입이 80억 원 안팎으로 절반의 세금을 내도 40억 원 이상을 거둘 수 있을 것으로 추정했다.

임영웅이 광고판에 등장하자마자 엄청난 매출 증가로 이어지다 보니, 업계에서는 앞다투어 임영웅을 영입할 수밖에 없다. 예를 들어, 한 유명 의류 브랜드는 임영웅에게 입힌 지불과 3주 만에 셔츠 판매가 51% 증가했다. 그의 보증 효과가 계속해 반향을 일으키기 때문에 그의 광고 비용이 매년 증가하는 것은 놀라운 일이 아니다.

예상 매출이 500억 원을 넘어설 만큼 가요계는 호황을 누리고 있다. 임영웅의 개인 채널은 총조회 수 20억 회를 돌파했고, 각각 1,000만 조회수를 자랑하는 영상은 60여 편이 넘는다. 개별 채널의 월 예상 수입은 10억 원이 넘고 음악 수

익만 월 30억 원이 넘는다.

이제 플랫폼 시대는 가고 콘텐츠 시대가 도래했다는 것은 누구나 아는 사실이다. 오디션 프로그램 등 플랫폼을 통해야만 스타라는 콘텐츠가 만들어졌고 플랫폼에 귀속됐다.

지금 이 시각에도 우리의 영웅이는 이제 어떤 플랫폼과 손을 잡을까가 최대 관심사가 되었다.

관건은 임영웅의 행보다. 물론 물고기컴퍼니 소속으로 가수 활동을 이어가면 된다. 그렇지만 임영웅이라는 검증된 콘텐츠를 향한 거대 플랫폼들의 구애가 이어지고 있다.

임영웅이 물고기컴퍼니 신정훈 대표와 워낙 각별한 관계인 만큼 전속계약을 깨고 다른 연예기획사로 이적할 가능성은 거의 없다. 의리 때문이다. 올곧은 임영웅의 천성은 이것을 증명이라도 하듯이 말이다.

여기에 '굿즈(goods)'로 통용되는 MD 상품 판매액 등의 추가 매출도 엄청난 규모일 것으로 보인다. 또한 임영웅이 출연하는 예능 프로그램을 제작할 수도 있다. 이제는 플랫폼이 아닌 콘텐츠가 중심인 연예계에서 임영웅을 중심으로 한 예능 프로그램을 제작할 경우, 가장 조건이 좋은 플랫폼을 고를 수 있다.

지상파 방송사는 물론이고 종합편성채널이나 케이블 채널, 그리고 최근 오리지널 콘텐츠 생산에 집중하는 OTT 업체들도 충분히 임영웅이 중심인 예능 프로그램에 큰 관심을 보일 수밖에 없다.

2

당신이 얼마나 내게

소중한 사람인지

세월이 흐르고 보니

이제 알 것 같아요

당신이 얼마나 내게

필요한 사람인지

세월이 지나고 보니

이제 알 것 같아요

밤하늘에 빛나는

별빛 같은 나의 사랑아

당신은 나의 영원한 사랑

사랑해요 사랑해요

앉으나 서나
영웅 바보

깜짝 스타가 아닌, 준비된 스타

편의점이나 식당 아르바이트를 했던 시절, 동료 혹은 사장들에게 한결같이 듣게 되는 이야기는 "궂은일도 밝게 해내는 성실한 청년이라 잘 될 줄 알았다."

한마디로 밝고 긍정적인 마음가짐의 '건실한' 아이콘. 이 사람은 트롯맨 중에 누구일까? 바로 포천의 아들 임영웅이다.

어린 영웅이는 어렵게 미용실을 운영하는 홀어머니 밑에서 자랐다. 중학교 때는 어려운 가정 형편에도 3번이나 반장을 할 정도로 바른 생활하는 소년이었다. 그는 평소 축구를 사랑해 틈날 때마다 운동장에 나와 연습을 게을리하지 않았고, 실력 또한 뛰어난 것으로 유명하다. 임영웅은 초등 시절

1년 동안 선수 생활에 매진했을 정도로 축구 선수를 선망했었다. 좋아하는 축구 선수는 메시와 손흥민이다.

초등학교 4학년 어느 날 밤, 뛰어놀다 주차장의 녹슨 쇠 양동이에 얼굴 광대 쪽을 찢었던 사고가 났다. 부식된 양동이 끝은 칼날처럼 벼려 있었고, 아이의 여린 피부는 속절없이 뚫리다시피 베인 것이다. 피가 철철 흘러 티셔츠를 붉게 물들였는데도 아이는 "뭐가 자꾸 흐르기에, 그냥 땀인 줄 알았어"라 말했다고 한다.

30바늘을 꿰매는 수술 후 의사는 "신경이 죽어 입이 제자리를 못 잡을 수 있다"라고 말한다. 어느 날인가는 놀림을 받았는지 아이는 눈물 자국이 베갯잇에 배어 잠들었다. 영웅이 엄마가 약을 발라주다 문득 뒤로 훔치던 눈물에 깨어난 것인지, 영웅이는 실눈으로 방긋방긋 웃어 보이며 이렇게 말했다고 한다. "엄마, 내 얼굴엔 나이키가 있어! 이거 보조개 같지 않아?"

그렇다. 우리 영웅이는 울지 않는다. 하루 벌어 하루 먹는 곤궁한 삶에도 영웅이는 울지 않았다. 자존감이 아주 높고, 회복탄력성이 좋은 친구이다. 이름처럼 내면도 진짜 영웅이다.

무대를 마친 후 아주머니들께 다가가 한 분, 한 분의 손을 잡고 감사 인사를 잘하는 임영웅의 성격은 모든 사람을 편견 없이 따뜻하게 보듬는 사람이다.

'백 마디 말보다 한 가지 실천이 더 중요하다'라는 말은 임영웅의 인생 철칙. 그는 소신 있고 차분하다. 혈액형은 A형으로 처음에는 낯을 가리는 내성적이고 말수가 적은 편이지만, 한 번 맺은 인연은 소중히 여기고 은혜를 갚으며 정이 많다. 자전거에서 넘어져 다쳤지만 약을 살 형편이 안 돼 처치를 못 했던 상황에서 치료해주셨던 동네 식당의 이모님에 대한 고마움을 《라디오스타》라는 프로그램을 통해 전하고, 지금도 자주 방문해 그 식당은 팬들 사이에도 명소가 되었다.

　　그가 가진 진솔함과 솔직함은 그의 매력 중 단연 돋보이지 않을 수 없다. 2022년 서울가요대전 시상식에서 MC 붐은 "자신이 아는 모든 연예인 중에 가장 솔직한 사람이 임영웅이다. 방송에서의 모습과 실제 모습이 똑같은 사람"이라고 말했다. 진심이 아니거나 자신이 하지 않은 것을 가식적으로 '~척'하는 것을 꺼린다고 이야기했다.

　　임영웅과 함께 《미스터 트롯》 직장인 B조에 함께 출전한 정승제, 정호, 김민형, 하동근 등 참가자들 역시 "임영웅은 의리 있는 사람이다. 경연 끝나고 바쁜 와중에도 일일이 문자 카톡 보내줘서 고마웠다", "임영웅은 로봇 같다. 노래할 때 빈틈이 없다. 나이스하다. 깔끔하다. 퍼펙트하다. 멋진 친구다",

"임영웅은 한결같은 사람이다. 매사 진중하고 말투, 행동이 변하지 않고 뚝심 있다" 등 칭찬 일색이었다. 동료들의 이러한 증언은 임영웅이 얼마나 괜찮은 사람인지 느끼게 한다. 즉, 거짓 없는 진심을 전하는 섬세한 성격이다.

마지막으로 밀당의 고수라 해도 과언이 아닌데, 어르신 팬들도 믿고 따르게 하는 조용한 카리스마를 발휘한다. 자기 주도적인 기획력과 때로는 대범한 승부사 기질을 소유하고 있다.

임영웅의 MBTI는 INFJ로 인내심이 크고 통찰력과 직관력이 뛰어나며 화합을 추구한다. 창의력이 뛰어나고 이를 잘 성장시켜 강한 직관력으로 타인에게 말없이 영향력을 끼친다. 독창성과 내적 독립심이 강하며, 확고한 신념과 열정으로 자신의 영감을 구현시켜 나가는 정신적 지도자들이 많다.

전 세계에 1%도 되지 않는 '선하고 도덕적인 이상을 추구
하는 이상주의자'이다. 우리의 히어로와 딱 어울리는 말이다.

무명시절 영웅은 누규?

  '웅지순례'라는 용어가 탄생했다. 성지순례하듯 오늘도 우리의 빠순이들은 영웅의 발자취를 찾아 그곳을 방문하는 데서 생겨난 말이다.

  연천에서 태어나 포천에서 자란 영웅은 이젠 자랑스러운 '포천의 아들'이 되었다.

  이제 우리 '웅지순례'를 떠날 준비가 되셨나요?

  웅지순례 첫 번째 코스로 포천이다.

  '8요일키친'

  식당이 있으리라고는 생각지 못했던 건물 1층의 식당 창문에 임영웅 사진이 붙어 있는 것을 보고 금방 임영웅이 포천에서 살았을 때 아르바이트를 했던 곳임을 알 수 있었다. 여기와 대진대학교 안에 있는 편의점에서 일했다고 한다.

다음 코스는 서울 합정동이다.

'코리아식당(홍대점)'이다. 여기도 역시 성지순례 1번지가 되었다. 무명시절 가난하고 배고팠던 우리 영웅이의 사연은 우리 모두를 울게 했다.

〈라디오스타〉에 출연한 임영웅은 온갖 고생하던 시절을 이렇게 회상한다. "자전거를 타고 언덕을 내려가다 넘어져서 데굴데굴 굴렀어요. 온몸이 다 다쳤는데 약을 사기에는 돈이 많지 않았습니다.

그런데 단골 식당 이모님께 연고 좀 얻을 수 있겠냐고 했더니 약을 사다 발라주고 치료해주셨어요. 과하게 붕대로 칭칭 감아주셨는데, 너무 뭉클하게 감동을 받았어요. 그래서인지 지금까지 친하게 지내고 있어요."

옛말에 '돈 빌려준 사람은 꼬부리고 자고 돈 빌린 사람은 두 다리 뻗고 잔다.'는 말이 있듯이 정작 코리아식당 홍대점 사장님은 치료해줬던 일을 잊고 있었다고 말한다.

코리아 식당 사장님 그때를 회상하며 이렇게 말한다. "나는 다 잊어버리고 있었는데 〈라디오스타〉에서 그 얘기를 하기에 깜짝 놀랐어요. 2016년 봄쯤부터 영웅이를 알게 되었어요.

제가 본 영웅이의 첫인상은 우리 집에 밥 먹으러 오는 여러 손님 중의 한 사람이라고 생각했어요. 특별히 존재감은 없었던 것 같아요. 수줍어하고 말 수가 별로 없는… 가수가 아니고 그냥 포천에서 서울로 와 성실히 사는 평범한 청년 정도…

저 건너편 카페에서 아르바이트할 때부터 우리 집 단골이었죠. 지금 기획사인 물고기뮤직 신정훈 대표님과는 아주 각별했어요. 신 대표님은 영웅이를 무척 아꼈어요. 영웅이는 고기를 좋아하고 신 대표님은 생선을 좋아하는데 가끔 신 대표가 먼저 오면, 자상하게 영웅이의 돈까스(고기)를 먹기 좋게 잘라 놓곤 했어요. 의리가 있는 괜찮은 분이예요. 사람들은 끼리끼리 어울리잖아요.

너무 정이 들었어요. 가족 같아요. 이젠 저를 <엄니>라고 불러요. 하하하~~~ 영웅이는 그때나 지금이나 한결같아요. 유명해졌어도 변한 게 하나도 없어요. 항상 반듯하고 배려심이 많아요.

우리 가게는 4인 테이블과 2인 테이블이 섞여 있는데, 혼자 4인 테이블에서 밥을 먹다가도 3명 이상 손님이 오시면 기꺼이 옮기는 것을 마다하지 않았어요. 참 착한 영웅이에요.

코로나의 어려운 시기에 영웅이 덕에 가게가 더 분주해졌는데, 그때도 가게에 오면 우리 영웅이는 자기를 알아봐 주는 손님들에게 싸인도 해주고, 대화도 하곤 했지요."

-김은주 저자 인터뷰-

타인에 대한 배려심이 천성이든, 영웅이 할머니의 따뜻한 보살핌의 결과이든 우리 영웅이에게는 분명히 존재하는 힘이다.

모든 심리학자들이 입모아 이야기하는 잘 자란 사람들의 특징 중 하나는 '마음의 중심에는 타인의 마음에 감정을 이입하는 공감'이 있어야 한다는 것이다.

'내가 아픈 상태이지만 그래도 나보다 더 아픈 사람 발견하기'이다.

공감(empathy)와 배려(care)는 감정을 정서적으로 공감한 후 행동적으로 옮겨지는 것이 배려이다. 용기 있는 행동이고 항상 이것이 습관화 된 것으로 지속 가능한 어떤 성격으로 자리 잡은 것이다.

영웅이에게는 이것이 있다. '공감과 배려'가 있는 사람은 항상 행동이 한결같다. 잘나도 못나도 동일하게... 자신의 처신을 묵묵히 할 뿐이다.

고단한 삶의 파도를 겪어온 5060은 어쩌면 점쟁이가 되었을지도 모른다. 그래서 알고 있다. 변하지 않고 괴로워도, 슬퍼도, 즐거워도 동일하게 배려심으로 행동하는 '내공 있는 영웅'을 알아본 것이다. 싹을 알아본 것이다.

빈손으로 온갖 풍파를 견디며 여기까지 온 것은 숨은 조력자들의 헌신과 믿음, 그리고 영웅의 천성적 공감능력!

그래!! 가방을 등에 짊어지고 영웅의 발자취를 따라 '웅지 순례'를 떠나보자!

이제 공감과 배려를 따라해 보자!

임영웅 노래가 우리를 울리는 이유

　　임영웅의 트로트는 기존에 우리가 알고 있었던 것에 비해 혁명적이라고 할 수 있다. 그의 노래는 왜 특별한가?

　　첫째, 임영웅은 다른 가수들과는 사뭇 다른 매력이 있다. 먼저 목소리가 국보급이다. 포근하고 달콤해서 꿀이 떨어질 정도로 다정하다. 그렇다고 해서 고기처럼 느끼하지는 않다. 오히려 담백함이 있다. 경박하지 않으면서도 진중하다. 특히 노래할 때 음의 높낮이에 상관없이 음의 에너지 파동이 일정하다. 그래서 듣기에 편하다. 이것은 절제된 감정으로 음의 높낮이 변화를 크게 가지면서도 반대로 부드럽고 잔잔하고 애잔하게 감정을 담아 노래한다.

둘째, 임영웅의 목소리는 기존의 가수들과는 다르다. 마치 마주 보고 앉아 이야기하듯, 말을 하듯, 시를 읽어주듯, 속삭이듯 부르는 것을 대중들은 좋아한다. 한마디로 트렌드가 변했다. 이것은 IT기술이 발달하여 굳이 큰 소리로 노래 부르지 않아도 되는 시대에 살고 있다. 요즘의 트렌드와 맞닿는 것이다.

셋째, 우리가 모두 잘 알듯이 선천적으로 노래를 잘한다. 타고났다. 완성된 보컬리스트 결정체이다. 완벽한 호흡, 절제하는 감정, 절묘하게 변화를 쓰는 기교가 균형을 잘 이루고 있다.

넷째, 훤칠한 피지컬에서 뿜어져 나오는 우아한 무대 매너이다. 노래도 잘하지만, 노래를 부를 때 짓는 표정과 이미지, 제스처, 마이크를 쥐는 방법 등 누구도 흉내 낼 수 없을 정도로 절제되고 세련미가 넘쳐난다. 이것은 그의 무대를 즐기는 청중에게 강한 신뢰감과 안정감을 준다. 평온한 감정을 전달해 주는 것은 위로와 힐링을 느끼게 한다.

한마디로 임영웅 하면 탄탄한 노래 실력, 우아한 포즈, 안정감 있는 목소리의 3박자를 다 갖춘 천생 가수라 할 수 있다.

어찌 감동하지 않을 수 있겠는가?

이처럼 임영웅의 매력은 차고 넘쳐 일일이 나열하기가 어려울 정도이다. 마지막으로 임영웅이 부른 노래는 소름이 돋을 정도인데, 가사의 전달력이 높다. 이는 곡을 해석하는 능력이 뛰어나다고 할 수 있다. 가사를 제대로 이해하고 부르는 것인지 아닌지는 듣는 사람이 가장 잘 알 수 있다. 제아무리 노래의 테크닉이 좋다 하더라도 곡을 잘못 해석하여 부르면 듣는 이에게 내면의 울림을 줄 수 없다. 감흥이 없는 노래는 실패다. 그는 곡 해석 능력이 뛰어나 노래를 듣는 우리를 집중하게 만든다. 이는 어렵고 고된 시간을 견디고 이겨낸 삶이 그의 목소리에 녹아있기에 가능한 해석과 감동이다. 그의 삶은 고달프고 힘들었지만, 나이키 흔적이 있는 얼굴로 씩씩하게, 단디하게 삶을 살아온 것이다.

힘든 일을 겪어도 비교적 쉽게 훌훌 털어내는 사람이 있다. 바로 '회복탄력성'이 높은 사람들이다. 한마디로 맷집이 강한 사람들이다. 반대로 회복탄력성이 낮으면 외부 자극에 민감하게 반응해 부정적인 감정을 더 크게 느낀다.

임영웅은 '회복탄력성(resilience)'이 높다. 회복탄력성은 크고 작은 다양한 역경과 시련, 실패에 대한 인식을 도약의 발판으로 삼아 더 높이 뛰어오르는 마음의 근력을 의미한다.

심리학자 알프레드 아들러는 "우리가 불행한 이유는 환경 때문이 아니라 행복해질 용기가 부족하기 때문이다"라고 말한다. 우리가 운명에 도전하고 싶은 이유는 나 자신을 믿고 변해보고 싶은 마음 때문이다. 그러면 내 척박한 운명은 바뀔 수 있을지 모른다.

우리의 히어로 임영웅은 맷집과 자존감이 높아 웬만한 어려움에 꿋꿋하다는 것이다. 인생은 끊임없이 오르고 내리막 길을 걷는 과정의 연속임을 어린이 임영웅, 소년 임영웅, 청년 임영웅은 알았다. 이제 우리는 중년과 노년의 멋진 임영웅을 믿고 기다려 주면 어떨까?

영웅을 빛나게 했던
〈어느 60대 노부부 이야기〉

역사상 가장 위대한 음악가 중 '데이비드 보위'라는 사람이 있다. 그는 카멜레온이라 불릴 정도로 변신에 능했다. 예를 들어 글램록, 펑크, 팝 디스코, 재즈 아트, 뉴웨이브까지 대중을 매혹 시키는 매력을 지녔다. 여러 가지 스타일을 오직 자기만의 음색으로 재창조하는 천재였다.

임영웅의 노래를 들으면 그가 떠오른다. 한국의 데이비드 보위처럼 자신만의 스타일을 가지고 시청자들이 무엇을 원하는지를 잘 알고 있듯이, 멜로디로 가슴을 울리고, 가사는 귀에 쏙쏙 잘 들리게 한다.

《미스터 트롯》에서 부른 마지막 노래는 프로그램 전체의 하이라이트였다. 〈어느 60대 노부부 이야기〉는 기어이 청중의 감정선에 방아쇠를 당겨 놨고, 특유의 흡인력으로 열창하던 그의 뺨에 눈물이 흘러내리자 청중도 같이 울었다.

얼굴에 나이키 같은 자국을 가지고 왠지 다소 수줍어 보이는데, 진지하면서도 겸손한 태도가 사람들의 마음을 뭉클하게 했다. 어쩐지 꼭 지켜줘야 할 것 같은 모성의 보호 본능을 느끼게 했다. 그래서 어머니들의 팬덤이 만들어진 것은 아닐까?

임영웅이 김광석의 포크 장르인 〈어느 60대 노부부 이야기〉를 부를 때 '여보'라 노래 부를 때 가슴이 뭉클하게 내려앉았다. '세월은 그렇게 흘러' 부분에서는 가성 없이 힘을 빼고 노래 부른다. 이른바 '믹스 보이스'를 탁월하게 표현하니 그의 탁월한 노래 솜씨와 마음 깊숙이 파고드는 감정 전달에 더욱 소름이 돋을 정도였다.

또한 간주하는 동안 휘파람은 순간 몰입도를 극대화했다. 최고로 멋진, 간지 폭발의 순간이었다. 그 곡이 아닌 임영웅에게 몰두하게 만들어 버린 것이다.

그는 동양의 파바로티처럼 기묘한 흡인력을 가지고 있는 게 틀림없다. 성악가들이 노래하듯이 깊은 데서 끌어오는 호흡을 사용해서 소리가 편안하고 안정적이다. 거기에 탁월한 가사의 해석력으로 감정을 실어 청중을 녹인다. 눈물로, 감동적이다.

트로트의 구성은 발라드보다 단순하지만, 발라드처럼 하이라이트를 강조하는 방법으로 감정을 이끄는 솜씨 대신 '후렴구'를 반복함으로써 청자에게 던진 감정을 계속해서 흔드는 창법을 사용한다. 얼핏 보기에는 쉬워 보이지만, 반면 가수의 개성과 창법이 그 무엇보다도 중요하다. 급하게 꺾는다거나 (꺾기), 특유의 창법(애교 콧소리)을 사용하니 트로트는 자신만의 스타일을 만드는 것이 중요하다. 그 과정에서 다소 과장된 기교가 남발되면 듣는 사람은 불편하기 마련이다. 임영웅의 노래는 신파와 통속을 거세함으로써 듣기에 마냥 편안한 트로트 영역을 개척한 것이다.

임영웅 노래는 파격적이다. 트로트와 발라드를 기본으로 성악 발성법을 사용한다. 시작과 끝은 호흡에 있다. 프레이즈(성악가들이 사용하는 발성법으로 처음엔 작은 소리로 시작해 점점 소리를 키우다가 마지막 숨에 소리를 다시 죽이는 발성법)를 소화해 내고 호흡에 기반을 둔 발성 기법으로 경쟁자를 압도했다. 임영웅만의 독특하고 안정된 발성법으로 기존의 트로트를 재발견, 재탄생시켰다 해도 과언이 아니다.

또한 그의 가사 전달력은 듣는 사람도 숨죽이며 한음 한

음 크레셴도, 데크레셴도를 할 정도로 힘을 내고 싶으면 힘을 내고, 숨을 뱉고 싶으면 뱉게 만든다.

김광석처럼 감정을 실어 청중에게 감정을 전달하는 것은 비슷하나 그는 청자들의 애달픈 감정선을 쥐락펴락한다.

어머니들은 눈물 감정 풍선에 눈물을 꾹꾹 참고 고달픈 하루하루를 버텨내고 있는데, 영웅의 노래를 들으면 금방이라도 터져 버린다. 임영웅의 노래엔 어머니들의 삶이 녹아있는 듯, 마음이 벅차다. 카타르시스이다.

그래서일까 우리의 오팔세대 어머니는 오늘도 임영웅의 노래를 들으며 자신의 굴곡진 삶에 위로받으며, 마음에 약을 바르며 힘을 내고 있다!

임영웅_ 어느 60대 노부부 이야기

간절한 소망을 담은
〈바램〉

사람들은 재밌는 장면을 보며 웃고, 슬픈 장면을 보면 눈물을 흘린다. 감정을 적절하게 배출하지 않는다면 어떻게 될까?

한국 사회는 스트레스로 인한 고통을 느끼는 사람들이 매해 증가하는 추세다. 정신 질환 실태 역학조사에 따르면, 한국인 4명 중 1명은 평생 한 번 이상은 정신 질환을 경험한다는 결과가 있다.

관계 중심적, 집단주의적인 문화 속에서 한국 사람들은 자신의 감정을 절제할 것을, 특히 부정적인 것은 말하지 않을

수록 좋다는 인식을 암묵적으로 강요받아 왔다. 우리 사회는 당연한 감정을 느끼지 못하게 만들었다.

그래서 대다수 한국인은 우울감을 경험한다. 특히 60대 어머니들은 우울하다. 슬픈 노래를 들어야만 자신의 감정을 해소하고, 감정을 이입하면서 자신의 정서적 역할을 대리 경험한다. 자기표현이 자연스럽지 않고, 감정 표현에 서투른 60대가 임영웅 팬층의 주류를 이룬다.

생계 해결의 압박 속에서 낭만이나 감정을 가정과 육아에 저당 잡힌 채 소외되고 고달픈 세월을 살아왔다. 노년에 와서도 그녀들은 퇴직한 남편의 끼니와 자녀의 뒷바라지에서 벗어나지 못한 채 손주의 육아까지 맡아야 한다. 가족에게 얽매이는 삶을 살아가는 것은 사실이자 현실이다.

얼마나 슬프고 애달픈가? 그녀들의 소외감과 외로움은 임영웅이 나타나면서 위로받기 시작했다.

2015년 발매된 노사연의 7080 스타일의 발라드 〈바램〉은 《미스터 트롯》에서 임영웅이 불러 대중들에게 다시 회자되었다. 전혀 다른 장르의 노래처럼, 고생한 어머니들을 생각나게 함으로 많은 사람의 눈시울을 적셨다.

임영웅은 "홀로 키워준 어머니를 위해 노래하겠다"라고 밝힌 후 담담한 목소리로 노래를 불렀다. 우리네 인생 이야기라 가슴이 더욱 먹먹했다.

열심히 살았던 것 같은데……마음은 지칠 대로 지쳐있고, 몸은 아프지 않은 곳이 없고, 주변엔 내 얘기 들어줄 사람 하나 없어 보인다. 그런데 아주 작은 한마디로 나의 어깨를 토닥여주며 "사랑한다." 그 한마디 해줄 수 있는 사람이 있다면 다시 살아보고 싶지 않을까! 그리고 살만하다고 느끼지 않을까!

〈바램〉은 가사도 뭉클하지만, 창법도 훌륭하다. 임영웅은 무게감 있으면서도 그 무게에 짓눌리지 않는 창법을 구사한다. 잔잔히 흐르는 강을 물고기가 거스름 없이 그 흐름에 따라 흘러가는 듯한 발성법으로 노래를 부른다. 그는 극히 섬세한 호흡의 변화만으로 감동 포인트를 짚었다. 즉, 힘을 빼야 할 곳과 불어 넣어야 할 곳을 정확히 알았다. 특히 '내 손에 잡은 것이 많아서' 부분을 부를 때는 호흡을 뱉으며 이어가는 고도의 기교를 보인다. 누구도 흉내 낼 수 없는 솜씨다. 목소리는 세련되고 고급스럽다. 그의 노래 발성은 발라드, 트로트, 성악곡의 특징이 모두 포함된 종합 선물 세트다.

또한 임영웅은 감정을 절제할 줄 아는 가수다. 눈물을 삼킴으로써 빛을 발휘한다. 원래 트로트는 감정을 숨김없이 과잉되게 표현하는 것이 일반적인데, 과감하게 그 감정을 포기함으로써 감정의 밀도를 획득한다. 슬픈 노래일수록 담담하게……

어떤 의미에서 과잉 감정은 무의식적으로 자신의 진정성을 과시하려는 경향이 있다. 그러므로 감정을 자제한다는 것은 꽤 긴 훈련이나 수련이 필요하며 몹시 어려운 일이다.

감정 과잉은 자아도취와 수치심의 또 다른 이름이다. 현대인들은 항상 관계의 과잉을 견디고 살아가는데, 임영웅은 현대인의 피로감을 굳이 이끌어가며 노래하지 않는 법을 알았다.

이젠 임영웅의 노래를 듣고 우울증을 치료되는 어머니들이 많아졌다. 어쩌면 임영웅은 어머니들의 '음악치료사'인지도 모른다.

아픔도 고달픔도 담담하게!

영웅만이 소화할 수 있는 감성 트로트
〈보라빛 엽서〉

트로트 하면 꺾기가 매력적인 장르가 아닌가?

하지만 부드러운 성인 가요와 깊은 감성을 담아낸 트로트를 더욱 고급스럽게 한 노래가 바로 〈보라빛 엽서〉에서 그 진가가 드러났다.

보라보라 하듯이, 어느 날 계획도 그림도 없이 살던 우리에게 나타난 히어로다. 우린 이런 가수를 만났다. 보랏빛 엽서에 실려 온 영웅의 향기는 세상을 뒤엎고 우리에게는 힐링 그 자체이다.

당시 2020년 8월 24일, 임영웅 공식 유튜브 채널에 공개된 〈보라빛 엽서〉 영상은 7월 27일 조회수 700만 뷰를 넘어섰다고 한다.

원곡 가수 설운도의 〈보라빛 엽서〉가 임영웅에 의해 재조명을 받았다.

보라빛 엽서에 실어 온 향기는
당신의 눈물인가 이별의 마음인가~~

한숨 속에 묻힌 사연 지워보려해도
떠나버린 당신 마음 붙잡을 수 없네

오늘도 가버린 당신의 생각엔
눈물로 써 내려간 얼룩진 일기장엔
다시 못 올 그대 모습 기다리는 사연

오늘도 가버린 당신의 생각엔

눈물로 써 내려간 얼룩진 일기장엔

다시 못 올 그대 모습 기다리는 사연

다시 못 올 그대 모습 기다리는 사연

1997년 발매된 〈보라빛 엽서〉는 트로트 가수 설운도의 대표적인 노래 중 하나다. 그동안 아무도 안 들어주고 정작 가수 본인도 '다 함께 차차차'나 '쌈바쌈바'만 외치느라 미처 불려 지지 않았던 노래였다. 설운도 앞집 병원 원장님이 작사한 〈보라빛 엽서〉는 23년 만에 임영웅의 미친 퀄리티로 뽑아내며 빛을 봐 명곡의 반열에 올렸다.

이 노래를 듣고 있자면, 영혼이 탈곡되고 마음이 정화되어 저절로 '착하게 살아야겠다'라는 굳은 다짐을 하게 만든다.

설운도는 "제 노래가 저렇게 고급스러울 수 있는가?"라고 오히려 반문하며, "짧은 시간에 사람의 마음을 확 사로잡는다"고 말했다. 또한, 자신의 노래를 가장 잘 소화하는 후배로 임영웅을 뽑았고, 후배에게 한 수 배웠다고 이야기할 정도이다.

임영웅은 '나 열창하고 있어요'라고 하듯 얼굴을 찡그리고, 고함치듯 노래하는 것이 아니라 미소를 띤 부드러운 얼굴로 편안하고 단정하게 불러주며 듣는 이들에게 편안함을 선사해 준다.

확실히 노래를 장악하는 힘은 임영웅 따라올 자 없음을 새삼 느끼게 하고, 트로트를 고품격화한 주역임이 틀림없다. 구슬픈 트로트를 세련되게 진화시킨 것이다. 고급스럽고 우아하게!

2005년 장윤정이 트로트계 변화를 주도하는 아이콘이었다면, 2021년부터는 영웅이다. 차세대 트로트 붐을 일으키고 있는 핵심 중 핵심이라는 것에 의심할 여지가 없다.

그가 유튜브 채널을 통해 독보적인 위치를 구축해 가고 있는 것만으로도 그가 새로운 마켓을 만들어 내고 있다는 것을 단번에 알아차릴 수 있다. 앞으로 유일무이하지만 지속 가능한 영웅만의 콘텐츠들을 생산해 내며, 트로트계의 부흥을 이끌어 가지 않겠는가!

임영웅_ 보라빛 엽서

영웅의 첫 신곡
〈별빛 같은 나의 사랑아〉

《미스터 트롯》 1주년 기념으로 오늘을 있게 한 팬들을
향한 감사함을 표현한 곡이다. 마치 별빛 같은 사랑이 팬들임
을 말하고 싶은 것은 아닐까?

당신이 얼마나 내게
소중한 사람인지
세월이 흐르고 보니
이제 알 것 같아요
당신이 얼마나 내게
필요한 사람인지

세월이 지나고 보니

이제 알 것 같아요

밤하늘에 빛나는

별빛 같은 나의 사랑아

당신은 나의 영원한 사랑

사랑해요 사랑해요

이 곡 〈별빛 같은 나의 사랑아〉는 2021년 MBC 《쇼! 음악중심》에서 1위를 차지하며 트로트 가수로서 14년 만에 음악 방송 1위에 등극했다.

그간 아이돌의 전유물로 여겨졌던 음악 방송 1위를 임영웅과 영웅시대가 만들어 낸 신화를 통해 임영웅 인기를 제대로 증명했다.

원래 설운도가 작곡 단계부터 오직 임영웅만을 생각하며 만들었고, 자신의 노래를 가장 잘 해석해서 부른 임영웅에게 선물했다고 한다. 원작자 설운도는 부인에 대한 고마움을 담아 만든 노래였지만, 영웅은 팬들에 대한 고마움과 사랑을 담아 불렀다.

이 노래는 전형적인 우리의 트로트의 선율이지만 임영웅이 부르면 신기하게도 새로운 성인 가요풍이 된다. 서구의 팝 스타일처럼 고급지다.

임영웅의 노래는 트로트를 잘 듣지 않던 사람들에게까지 영웅의 팬으로 만들어 버리는 매력적인 것은 확실하다. 그 매력은 아마도 '편안함', '애틋함', '찡함', '아날로그' 등 금방 싫증이 나는 인공향료 맛에서 느낄 수 없는 잔잔함일 것이다.

디지털 시대에 왠지 옛것의 촌스러운 아날로그 갬성이 더욱 그리워지는 요즘이다. 그래서 따뜻하다, 마음이……

팬들은 무명 가수를 대형 스타로 키운 양육자의 본능으로 임영웅에게 여전한 충성스러움과 애정을 보내고 있다. 이

마음을 알아주기라도 하듯이 '소년의 모습'을 영웅의 뮤직비
디오에 담았다.

> 날 믿고 따라준 사람
> 고마워요 행복합니다
> 왜 이리 눈물이 나요

내용에 믿어준 팬들을 향한 고마움을 다 표현하지 못해
'눈물이 나요'라고 말하듯이 무대에서 〈보라빛 엽서〉, 〈별빛
같은 나의 사랑아〉를 부르고 있는 임영웅을 본 팬들도 눈물
이 난다고 같이 울었다. 임영웅은 분명 변함없는 '마음의 고
향'이다.

노래에 진심인 임영웅은 태양을 중심으로 공전하는 지구
상 아름다운 생명체일지도 모른다. 이 수 많은 별들을 품을

수 있는 '더 큰 우주'가 되겠다고 오늘도 '영웅 앓이'들은 다짐
해 본다!

임영웅_ 별빛 같은 나의 사랑아

데뷔 첫 OST
〈사랑은 늘 도망가〉

K-팝과 K-드라마가 세계를 휩쓸고 비인기 장르는 소
외되기 마련인데, 비주류였던 트로트가 《미스터 트롯》을 통해
임영웅을 생산해 냄으로써 K-트로트의 서사가 시작되었다.

우리의 트로트는 기존 트로트의 팬덤을 뛰어넘는 새로운
팬덤 현상을 형성하고 더욱 차원이 높아졌다. 기존 트로트의
기교가 들리지 않을 정도로 새 트로트는 장르를 넘어 음악에
대한 깊은 감동을 주는 새로운 가치를 창조해 냈다.

임영웅의 첫 드라마 OST 도전 곡 〈사랑은 늘 도망가〉는
이러한 가치 창조의 스토리텔링에 한몫한다.

이문세의 원곡을 리메이크한 이 곡은 작곡가 한밤 (midnight)의 편곡으로 어쿠스틱하고 담백한 원곡의 느낌을 최대한 유지하면서 임영웅만의 섬세하고 촉촉한 감성을 유감 없이 발휘하게 만들어 주었다.

감정선을 균형감 있게 유지하는 것이 중요한 곡인 만큼 자연스럽게 말하듯 속삭이는 화법과 밀었다 당기는 호흡의 완급 조절을 통해 곡을 완벽히 소화해 냈다.

눈을 감고 이 노래를 들으면, 따뜻하면서도 쓸쓸하다. 반 주가 있어도 없어도 노래가 꽉 차게 들리는 신기한 경험을 할 수 있다. 임영웅은 고도의 기교를 절대 무리하게 써가며 과시 하지 않는다. 임영웅은 호흡을 길게 가져가면서 소리에 그의 빛깔을 넣고 빼는 것을 아주 잘한다. 가사를 말하듯이 하는 '레치타티보(이탈리아어 Recitativo / 오페라에서 대사를 노래하듯 이 말하는 형식)'라는 테크닉을 자유자재로 사용하곤 한다. 그래서 듣는 청자들은 노래가 편안하면서도 지루하지 않다. 심지어 우아한 목소리에 몰입하게 된다.

간혹 처음부터 노래에 힘을 지나치게 실어 뒷감당하기를 부담스러워하는 가수의 모습을 볼 때가 있다. 그러나 임영웅의 〈사랑은 늘 도망가〉는 '괴물 보컬'처럼 처음부터 사람을 확 당기는 창법으로 '눈물이 난다'에 감정을 싣는다. 가창력에 자신이 없다면 절대 따라 할 수 없는 테크닉이다. 이런 뮤지션은 흔하지 않다.

이러한 풍부한 가사 전달력은 어디서 생겨났을까?

젊은 나이에도 수많은 실패, 좌절, 아픔, 슬픔 등 귀한 경험 후에야 비로소 나올 수 있는 승화된 감정일지도 모른다.

무명 시절 겪었을 설움, 어린 시절 아빠의 부재로 겪었을 상실감, 가난이 가져다준 좌절과 고통 등 이러한 시련으로 인해 그는 인내를 배웠고, 인내함으로 마음이 단련되었으며 마음의 굳은살을 가지고 희망(가수)을 꿈꾸었을 것이다. 그리고 그 희망은 임영웅을 'HERO 영웅'을 만들지 않았는가!

과연 운명과의 싸움은 승산이 없는 게임일까?

답은 한마디로 NO. 희망을 품는다면 시련 따위는 견딜 수 있다. 눈앞의 고난은 지쳐 쓰러질지도 모르지만, 자기 확신에 대한 희망이 있다면 절대 실패하지 않는다. 쓰러지지 않는다. 극복할 수 있다.

중요한 것은 삶을 바라보는 방식, 관점이다. 우리는 '무엇이 주어졌느냐'가 아니라 '주어진 것을 어떻게 쓸 것인가'를 보면서 살아가야 한다. '의미 부여 방식'을 바꾸는 연습이 필요하다.

미래는 '할 수 있다는 확신을 가지고 스스로 만들어가는 것'이라고 영국의 철학자 마크 롤랜즈(Mark Rowlands)도 말하지 않았는가!

아무도 살아주지 않는 자기 삶, 자기 삶의 가치를 스스로 곱하기하며 창조할 자존감을 느끼고 포기 없이 나아간다면…… 비상하리라! 임영웅처럼

임영웅_ 사랑은 늘 도망가

영웅의 2번째 노래
〈모래 알갱이〉

그대 바람이 불거든

그 바람에 실려 홀연히 따라 걸어가요

그대 파도가 치거든

저 파도에 홀연히 흘러가리

지난 2023년 6월에 발매한 임영웅의 두 번째 자작곡 〈모래 알갱이〉가 유튜브 뮤직비디오 TOP 100 차트(6월 9일~6월 15일) 1위를 차지했다. 임영웅은 2주 연속 1위를 기록하며 그의 독보적인 인기를 입증했다.

서정적인 가사와 임영웅이 직접 분 휘파람이 특징인 곡으로서 슬프면서 편안한 휴식 같은 선율을 음미할 수 있다.

뮤직비디오 〈모래 알갱이〉는 잔잔한 바닷가 풍경에서 시작해 다양한 자연 풍경을 담고 있다. 바닷가 모래사장을 걷는 모습부터 사막을 가로질러 운전하는 모습, 파도 소리와 어우러지는 어쿠스틱 기타 소리, 간주 부분의 휘파람 소리는 전체적으로 곡을 더욱 아름답게 만들어 주고 있다.

나는 작은 바람에도 흩어질
나는 가벼운 모래 알갱이
그대 이 모래에 작은 발걸음을 내어요

깊게 패이지 않을 만큼 가볍게
나는 작은 바람에도 흩어질
나는 가벼운 모래 알갱이

그대 이 모래에 작은 발자국을 내어요.

깊게 패이지 않을 만큼 가볍게
그대 바람이 불거든
그 바람에 실려 홀연히 따라 걸어가요
그대 파도가 치거든
저 파도에 홀연히 흘러가리
그래요 그대여 내 맘에
언제라도 그런 발자국을 내어줘요.

그렇게 편한 숨을 쉬듯이
언제든 내 곁에 쉬어가요
그대 바람이 불거든
그 바람에 실려 홀연히 따라 걸어가요
그대 파도가 치거든

저 파도에 홀연히 흘러가리
그래요 그대여 내 맘에
언제라도 그런 발자국을 내어줘요.

그렇게 편한 숨을 쉬듯이
언제든 내 곁에 쉬어가요

작디작은 모래 알갱이가 마치 임영웅 자신이듯, 우리에게 위로와 힐링을 주고 있다. 언제든 힘들 땐 자신의 노래를 듣고 편히 쉬어가라고 속삭이는 듯하다.

시를 읊조리듯 무겁지 않으면서도 부드러운 목소리로 불러주니, 마음이 한편으로 따뜻하고 편안해진다.

임영웅 목소리가 주는 힘은 분명히 있다. 기대와서 쉬라는데, 눈물이 나려는 이유는 뭘까? 이 노래는 상처받고 다친 마음에 '호호'하며 약을 발라 주고 있다. 〈모래 알갱이〉는 마음의 치료제가 되었다.

얼핏 보아 별문제 없이 잘 살아 보이는 누구라도 그 속을 들여다보면, 인생사라는 것이 다 비슷하다. 마음에 상처 없는 사람이 없고, 인생에 결핍 없이 완벽한 사람은 없으며, 아픈 가정사 없는 사람이 없고, 거친 풍파 없이 살아온 인생은 없을 것이다.

바람과 파도에 휩쓸리는 인생사, 영웅의 신곡 〈모래 알갱이〉로 마음을 챙겨보면 어떨까?

현대인들의 분주함은 어제오늘 일이 아니다. 당신은 고된 일상과 지쳐버린 몸과 마음을 위로 할 수 있는 당신만의 마음의 안식처가 있는가?

치명적인 상처를 안고 마음을 잡지 못해 이리저리 방황하는 사람이 편안히 앉을 마음속 의자를 갖고자 하는 것은 어쩌면 인간의 당연한 권리이자 본능일 것이다.

누구나 하나쯤은 있는 마음의 도피처, 안식처는 바로 임영웅의 노래라고 말하고 싶다.

임영웅의 뮤직비디오에서 나오는 바다는 거친 파도를 품는다. 바다는 상처 입은 나, 두려움에 떠는 나, 그리고 슬픔의 나를 품어 안는다.

신이 아니고서 인간은 누구나 보살핌을 갈망한다. 마음의 챙김은 거창하지 않다. 내 마음의 안식처인 〈모래 알갱이〉를 들으면서 스스로 회복하는 방법을 찾아보자. 마음가짐에 따라 '망가짐'이 결정될지 모르니까 말이다!

임영웅_ 모래 알갱이

3

아주 덤덤한 얼굴로

나는 뒤돌아섰지만

나의 허무한 마음은 가눌 길이 없네

아직 못다 한 말들이

내게 남겨져 있지만

아픈 마음에 목이 메어와 아무 말 못 했네

지난날들을 되새기며

수많은 추억을 헤이며

길고 긴 밤을 세워야지

나의 외로움 달래야지.

이별을 두렵지 않아

눈물은 참을 수 있어

하지만 홀로 된다는 것이 나를 슬프게 해.

인생 카페에서 읽은
트로트

×

『트로트 × 불륜』
또 다른 사랑을 꿈꾸는 것이 죄일까?

　당신은 오직 한 사람과 검은 머리 파뿌리 될 때까지 사랑하는 것에 자신이 있는가? 또, 당신의 친구가 양다리를 걸쳤다면 어떤 생각이 드는가?

　돌을 던질 수도, 혹은 이해를 해줄 수도 있을 것이다. 어쩌면 우리는 누구도 이 질문에 도덕적으로 완전하게 자유롭지 못할 것이다.

　"내가 하면 로맨스, 남이 하면 불륜"이라는 말이 있다.

　대부분은 자신에게는 관대한 평가를, 타인에게는 엄격한 도덕적 잣대로 평가한다. 인간의 이런 이중적인 태도는 특히

성(sex)에서는 더욱 도드라지게 나타난다.

불륜의 사전적 의미는 살아있는 배우자나 중요 타인이 있는 사람이 상대방에게 알리지 않고 파트너의 의사에 반하여 파트너 이외의 자와 간통 등의 성적 행위나 친밀관계를 맺는 일을 말한다.

현대 사회가 이전에 비해 성적인 면에서 개방적으로 바뀌었다지만 여전히 불륜은 동서고금을 막론하고 용서받지 못할 심각한 도덕적 문제로 치부된다. '대놓고' 불륜을 저지르는 간 큰 남녀는 거의 없지만, 들통나면 '남편이나 아내를 배신하는 행위를 저질렀다'라 하여 대부분 사회적으로 '매장'을 당하고 파멸된다.

결혼이라는 신성한 약속을 배신하는 것이 결코 옳은 일이 아니라는 것을 알면서도 불륜을 저지르는 이유는 무엇일까? 왜 참지 못하고 몰래 바람을 피우는 것일까?

미국 앨라배마 버밍엄대의 임상 심리학자이자 사회학자인 조슈아 클라포우(Joshua Klapow) 박사는 "바람을 피우는 행위는 단지 하나의 이유 때문이 아니다"라며 "바람을 피우는 사람의 심리적 패턴은 매우 뚜렷"하다고 주장한다.

가령 두 사람 사이에 갈등의 상황이 생기면 문제를 해결하기보다는 '현실을 도피'하려 한다. 그저 피하려고만 한다는 것이다. 바람을 피우는 이들은 연인이나 부부 관계에서 더 이상 희망이 없다고 생각해 오히려 불륜 상대에게서 안전함과 편안함을 느낀다고 한다.

또 다른 불륜의 이유는 관계를 유지하기 위해서 바람을 피운다. 연인이나 배우자를 사랑하고 그 관계를 아끼고 좋아하지만, 상대가 주지 못하는 요소를 충족시키기 위해서 바람을 피운다는 것이다. 특히 남성은 안정 속에서 자유를 꿈꾸고 불륜을 하나의 '자유의 통로'로 이용한다. 이것은 분명히 불륜을 정당화하는 것이다.

아울러 바람을 피우는 사람들은 자기 행동에 대해 '자기 합리화'를 한다. 분명 잘못을 저지르고 있으나 '나는 잘못이 없다'라거나 '그다지 큰일이 아니다'라는 등의 변명으로 자기 합리화를 한다는 것이다. 그래서 불륜을 저지르는 이들 대부분은 자기방어적 심리를 보인다.

그러나 불륜을 저지르는 대부분은 의식적으로 자기 합리화라는 방어기제를 쓰지만, 무의식적으로는 양심의 가책을 느끼고 있다는 점에 주목할 필요가 있다.

왜냐하면 우리 사회는 일부일처제를 원칙으로 한다. 따라서 결혼을 한 사람은 자기 남편이나 아내 이외의 사람과 육체적 관계를 갖거나 사랑을 해서는 안 된다고 사회화되어 있기 때문이다. 한마디로 '그늘 속의 사랑'을 인정하지 않는다.

미국 채프먼대학, 캘리포니아주립대학 등의 공동 연구팀은 과거에는 불륜을 저지르는 비율로 보자면 남성이 더 높았지만, 갈수록 여성들도 늘어나는 추세라고 말한다. 부부 관계에 만족도가 떨어지고 성격이 불일치해서 다른 이성에 눈을 돌리는 경우가 많아졌다는 것이다.

한편, 미국 커먼엘스 대학교 연구팀은 '바람을 피우면 누가 더 빨리 눈치챘는지'에 관한 실험을 시행했다. 결과는 조금 의아했다. 남자들이 더 많이 바람을 피우지만, 바람을 눈치채는 데는 남자가 여자보다 예리하다는 것이다. 연구팀의 결과는 다시 한번 살펴보면, 남녀 연인 203쌍 중 남성 29%와 여성 18.5%가 바람피운 적이 있다고 대답했다. 그리고 상대방이 실제로 바람을 피웠을 때 이를 정확히 감지해내는 능력은 여성이 80% 남성이 94%로 앞섰다. 한마디로 남자가 아내의 부정행위에 더 민감하다는 의미다.

결국 바람이나 불륜의 끝은 헤어짐, 즉 BAD 엔딩이 답일 수 있다. 현인의 〈꿈속의 사랑〉만 보아도 알 수 있듯이, 트로트에서도 수없이 불륜의 아픔에 대해 노래한다.

사랑해서는 안 되는 사람을
사랑한 죄라서
말 못 하는 내 가슴은
이 밤도 울어야 하나
잊어야만 좋을 사람을
잊지 못한 죄이라서
소리 없이 내 가슴은
울어야 하나 (후략)

하지만 바람을 피웠을 때 헤어짐(이별)만이 제일 나은 선택일까?

피할 수도 없고 이해할 수도 없는 감정이 불륜이다. 불륜은 두 사람 간의 약속에 대한 배신이기 때문에, 자존감에 상처를 입혔기 때문에, 서로에게 더욱 분노와 상처가 깊다.

사실 최선이나 최악의 선택은 없다. 각각의 성향과 가치관 그리고 사랑에 관한 철학이 다르기에 꼭 정답이 있는 것은 아니다. 하고 싶은 대로 불륜에 관해 결정하는 것이 좋다. 하지만 가장 중요한 것은 감정적으로 휘둘리지 않고 편안할 수 있는 선택이 제일 좋은 것이다.

어쩌면 이별보다는 용서가 더 용기 있는 선택일지도 모른다. 용서가 곧 치유이다. 모든 사람에게 그렇다는 것은 아니지만. 어쨌든 제일 중요한 것은 휴식과 회복이 아닐까?

『트로트 × 사랑』
영원한 사랑이 있기는 할까?

'사랑해'라는 말을 마지막으로 해 본 적이 언제인가?

사랑이란 원래 영원한 것일까?

우리가 경험한 바로는 현실 속의 사랑은 유효 기간이 있다. 한때 열렬히 사랑했을지라도 오랜 시간 동일한 깊이와 밀도로 그 감정 그대로를 유지하기란 결코 쉬운 일이 아니다.

이제 우리는 사랑이라는 것이 당신에게 어떤 의미가 있는지 생각해 볼 시간이다.

인간만이 가질 수 있는 가장 고귀한 감정인 사랑은 항상 영원하기를 꿈꾼다. 헬렌 피셔(Helen Fisher) 교수는 '사랑은 뇌에서 생성되는 호르몬과 깊은 관계가 있음'을 주장한다. 그녀는 사랑의 진행 과정이 3단계로 분류되어 있고 단계별로 관여하는 호르몬이 각각 다르다는 것이다.

어떤 사람에게 매혹되어 몸과 마음이 저절로 상대에게 향하는 구애(갈망) 단계, 낭만적 사랑에 빠져드는 열정(끌림) 단계, 서로에 대한 신뢰와 친밀감으로 오랜 사랑을 유지해 가는 애착 단계가 있다고 한다.

이것은 로버트 스텐베르그 심리학《사랑의 삼각 이론》과도 일맥상통한다. 코넬대학교 교수인 심리학자 로버트 스턴버그(Robert Sternberg)는 '사랑의 삼각형 이론(Triangular Theory of Love)'으로 잘 알려져 있다. 그는 지속적이고 긍정적인 관계를 유지하기 위해서 '친밀감과 열정, 헌신'이라는 세 가지 요소가 균형을 이루어야 한다고 말한다.

'친밀감'은 당연히 사랑하는 사람뿐만이 아닌 친구와 가족 사이에서도 흔히 느낄 수 있는 감정이다. 사이가 가깝고 친하다는 느낌이 들면 그것이 바로 친밀감이다.

　두 번째 요소인 '열정'은 인간의 구체적인 욕망을 나타낸다. 사랑하는 이를 보고 느끼는 어떠한 로망, 매력, 성적 욕구와 같은 것들이 열정을 이끈다. 보통은 성적 욕구가 열정에 강한 영향을 끼친다. 친밀감 요소와 달리, 두 가지의 요소가 결여된 채 열정만 가진 사랑을 하게 되면 이것은 도취성 사랑에 가깝다.

　세 번째 요소인 '결심/헌신'은 단기적인 측면과 장기적인 측면으로 나누어 볼 수 있다. 우선 단기적인 측면에서의 결심은 사랑을 하기로 마음을 먹는 일이다. 결심에서 시작된 마음이 장기적으로 이어지면 그것이 헌신이 된다. 그 사랑을 계속 유지하고 싶다는 마음에서 비롯된 것이다. 상대에 대한 책임감을 느끼는 태도이다.

로버트 스턴버그 교수는 저서 《사랑의 심리학》에서 "우리가 바라는 가장 이상적인 사랑은 친밀감을 바탕으로 열정과 헌신이 결합한 성숙한 사랑이다. 친밀감, 열정, 헌신의 세 꼭짓점이 모두 높은 수준으로 균형을 이룰수록 사랑의 완전성은 높아진다."라고 말한다.

지금 당신의 사랑은 어떤 모습인가?

불타는 열정(도취한 사랑)만을 사랑으로 착각하여 열정이 식으면 사랑 또한 식었다고, 혹은 변하였다고 말한다. 사랑이 떠났다고 생각한다. '사랑이 왜 변하니?'를 외치고 있지는 않은가?

첫눈에 서로 끌린 사랑은 분명 사랑의 본질이다. 이유도 없고, 계산도 안 되니 예측 불가능하기도 하다. 이러한 특성이 열정이다. 열정 또한 사랑이지만 사랑은 열정만으로 지속

되지 않는다.

하지만 로버트 스턴버그(Robert Sternberg)가 말하였듯이 건강하고 성숙한 사랑을 하려면 3가지 요소가 모두 적절한 균형을 이루어야 한다. 만일 하나의 요소가 균형이 틀어지면, 그 사랑은 실패한 사랑에 가깝다.

재미있는 사랑의 기사가 있다. 미국 심리 사이트인 사이콜로지 투데이 〈라이브사이언스〉에 실린 '사랑에 빠진 몇 가지의 증거'에서 사랑의 짓은 다음과 같다.

증거 1. 당신의 여인이 나에게 모든 것을 퍼주려 할 때, 즉 모든 것을 아낌없이 주려 한다면 당신을 사랑하는 것이다.

증거 2. 더 좋은 상대를 만나려 하지 않을 때이다. 나보다 더 좋은 조건의 상대가 나타났는데도, 나에게 푹 빠져 오직 그 사람을 세상에서 가장 매력적인 존재로 여긴다.

증거 3. 내 고통을 자신의 고통처럼 생각해 줄 때, 즉 상대와 자신
의 경계가 사라져 상대방의 아픔을 격하게 공감해주는 것
이다.

증거 4. 나를 위해 자기 삶의 모습을 변화시키려 할 때이다. 사랑
은 상대를 위해 자신을 바꾸려는 힘이 있다.

사랑이 무엇이냐는 물음에 답은 절대 쉽지 않다. 어떤 존
재를 몹시 아끼고 귀히 여기는 마음 혹은 더 큰 의미로 타인
을 돕고 이해하는 마음 역시 사랑일 것이다.

그래서 사랑은 변해야 하는 것이 당연하다. 단순하게 변
하는 것이 아닌 성장해야 하는 것이다. 사랑은 한순간의 열정

도 아니고 살면서 많은 경험과 시행착오를 통해 삶의 진실이 가까이 다가올 때 비로소 가능하다. 내 마음이 아프고, 그 아픔을 통해 다른 사람을 이해하는 과정 안에서 참다운 사랑을 꽃피울 수 있다.

진정한 사랑, 완전한 사랑은 사람을 깊게, 더 성숙하게 성장하도록 변화시킬 것이다!

『트로트 × 이별』
네가 없음의 온도는 어떨까?

어떻게 사랑이 변할까? 도무지 이해되지 않는다. 영원히 사랑하겠다고 약속해 놓고 왜 마음이 변해버리는 것인지!

우리는 세대를 거쳐 사랑을 하고 변심을 반복하고, 또 누군가는 떠나버린 사랑으로 인해 고통을 받는다.

그래서 우리의 트로트는 이별의 고통을 노래로 만들어 위로한다. 변심하여 떠나는 사람을 온전히 그리워하며 스스로 마음속에 묻어버리려고 애쓴다.

이별은 가슴 아픈 일이다. 사랑하는 사람과 헤어져야 한다는 절망적인 상황에서 많은 사람이 큰 고통을 겪는다. 가장 큰 고통은 '후회'라는 것이다.

리처드 커티스 감독은 〈어바웃 타임〉이라는 영화를 통해 "시간을 돌릴 수 있다면 우리는 완벽한 사랑을 이룰 수 있을까요?"라는 질문을 우리에게 던진다. 설령 과거로 돌아갈 수 있더라도 인연이 아닌 사람의 마음을 돌릴 수는 없다는 것이다.

과거의 일을 후회하는 것은 당연하다. 그러나 후회한다고 달라지는 것이 있을까? 어쩌면 시간을 돌리더라도 결과를 바꿀 수는 없을지 모른다. 이별 후, 절대 양보할 수 없었던 감정들이 떠오르고 되짚어 보면서 후회하고 다시 시작해보고 싶다. 그러나 그것은 착각일 뿐!

연인들의 82퍼센트가 헤어졌다가 다시 만나면, 그중 97퍼센트는 헤어지고 겨우 3퍼센트만이 만남을 유지한다는 통계가 있다.

이별의 후유증도 심각하다. 특히 연인과 헤어짐은 정신적인 충격뿐 아니라 육체적 건강을 크게 해칠 수 있다.

최근 미주리대 연구팀은 실험심리학 저널(Journal of Experimental Psychology: General)을 통해 24명의 이별 경험자 사례를 분석한 결과가 있다.

20~37세의 연령층의 실험 참여자들은 최소한 2.5년 이상의 연인 관계를 유지했던 사람들로 연인과의 이별로 인해 불면증(insomnia), 침투적 사고(intrusive thoughts)는 물론 면역 기능의 저하에 이르기까지 극심한 고통을 유발하는 심각한 질병을 앓았다는 과학자들의 연구 결과가 발표되었다.

심리학자들은 이들의 심리적, 육체적 정상화를 위해 세 가지 인지 전략(cognitive strategies)을 제안해 본다.

첫 번째 전략은 헤어진 사람을 부정적으로 재평가하는 방식이다. 즉, 과거 연인의 짜증스러운 습관 등 좋지 않았던 모습을 생각하게 하여 정이 떨어지게 하는 것이다. 본래 인간은 생존을 위해 안 좋은 기억도 미화하려는 경향성이 있다. 그래서 더욱 나쁜 것도 좋게 해석하려 하니 우리는 미화하려는 생각을 멈추는 연습을 해야 한다.

두 번째 전략은 '러브 리어프레이즐(love reappraisal)'이라 불리는 방식이다. 과거 두 사람 간 고통스러웠던 기억을 잊으려고 애쓰는 대신 마음속에 남아 있는 사랑의 감정을 극히 정상적인 것으로 받아들이도록 하는 것이다. 내 마음속 감정을 있는 그대로 보는 것이다. 어디를 가든, 어디에 있든 떠오르는 그 기억을 애써 떨쳐 내지 말고, 그리우면 그리운 대로 미우면 미운 대로 감정을 객관화하려고 해야 한다.

세 번째 전략은 헤어진 연인과 아무런 연관성이 없는 것을 생각하거나 일을 하는 방식이다. 좋아하는 음식을 먹는다든지, 혹은 즐거운 취미 활동 등에 몰두하면서 끊임없이 솟아

나는 연인의 생각을 대체하는 것이다. 대체하여 집중할 수 있는 거리를 찾아야 한다. 예를 들어 남자 친구가 좋아했던 긴 머리를 자른다든지, 입지 않았던 짧은 스커트를 입어 보는 것 등. 새로운 것에 도전해 보는 것도 좋은 방법이다.

한마디로 이별은 아프고 괴롭다. 이별을 부정하며 울기도 하고 후회도 해 보지만, 이별을 인정하고 덤덤하게 받아들여야 한다. 치유의 시간을 가져야 한다. 어쩌면 치유의 시간 뒤에는 새로운 만남을 위한 시작점이 될지도 모르니까.

사랑했고, 어떤 이유에서든 이별했고, 그 이별 뒤에는 또 어디선가 다른 사랑이 찾아와 새로운 씨앗이 되어 줄지도 모르지 않겠는가?

아마도 이별의 고통을 겪고 나면 당신은 예전의 당신보다 훨씬 성숙하고 현명해질지도 모를 일이다!

‘아프다’ 대신 ‘내가 얼마나 더 크려고….’라고 내가 나에게 말해보면 어떨까?

『트로트 × 중년』
낀 세대, 중년이 위기라는 음모

인류 역사상 삶이 가혹했으므로 탄생, 젊음, 죽음에 비하여 항상 중년은 무시되어 왔다.

'중년' 하면 어떤 느낌이 오는가? 원숙하므로 존경받고 있는가? 아니면 갈등, 가족, 결혼, 직장에서의 위기를 겪고 있는가?

어떠한 이유에서인지 '갱년기' 하면 '위기'라는 단어가 귓가에 맴돈다. 사춘기 딸과 갱년기 엄마가 싸우면 당연히 '갱년기 엄마의 승'이다. 중년이 되면 생물학적 발달에 변화가 생기고 심리에도 영향을 미치기 시작한다. 나이 마흔이 넘으면 결혼식보다는 장례식이 익숙한 나이다.

몸은 35살에 정점을 맞고, 마음은 49살에 정점이라고 했던 아리스토텔레스의 견해를 받아들여 서양에서는 전통적으로 그 사이에 벌어지는 심리적 갈등을 중년의 위기라 보았지만, 평균수명이 많이 늘어난 현대 사회에서는 그 기간이 더 확대되고 있다.

대부분 연구자는 중년을 40세와 68세 사이에 있는 사람을 말한다. 고약한 시기다. 심리학자 에릭슨도 생애의 한 단계에서 다른 단계로 이동하기 위해서는 불안정한 심리적 위기를 겪어야 한다고 말한다.

물론, 청소년기에도 같은 일이 벌어지지만, 중년의 증상과는 다른 수준이다. 죽음을 좀 더 자연스럽게 받아들이고 세월의 흔적이 몸에 본격적으로 새겨지며, 퇴직이라는 말도 묵직하게 다가온다. 성취보다는 상실에 더 가까운 시기이다.

중년을 우리는 무엇으로 정의할 수 있는가?

고려대학교 문화심리학자 한성렬 교수는 발달심리학적으로 볼 때 "중년은 청소년기에 형성된 자아 정체감을 바탕으로 사회적으로나 가정적으로 기반을 잡고 성공하기 위해 청년기 동안 정신없이 달려온 지금까지의 삶을 평가하는 시기"라고 말한다.

중년에 이른 사람들은 자신의 용모 변화와 건강 상태에 대해 과민한 반응을 보인다. 젊었을 때와 비교해 성적 능력이 감퇴한다고 느껴지면 특히 남성은 남성으로서의 매력과 의미도 상실돼 가는 것으로 생각하고, 필요 이상으로 과장해 자기 능력을 과시하려 한다.

또한 심리적으로 느끼는 시간의 흐름이 매우 빠르게 진행된다. 같은 일 년이라도 젊었을 때보다 매우 빠르게 지나가는 것처럼 느껴진다.

마지막으로 나이가 들수록 남자는 유친성(타인과 시간을 함께 보내고 우호적인 사회관계를 구성하려는 성향)과 양육 동기 및 의존성 등이 증가하고, 반대로 여자는 여성적인 성향이라 여기는 수동적이고 의존적이고 관계 지향적인 태도에서 적극적이고 독립적이고 자기주장을 거침없이 할 수 있도록 변하게 된다.

　영국의 「베네든 헬스」라는 연구기관에서 영국인 2천 명을 대상으로 중년을 조사한 결과에 의하면 "응답자의 10명 중 8명은 중년을 제대로 정의하기가 어렵다"라고 답했고, 비슷한 비율로 "중년은 나이나 신체적 상태의 문제가 아닌 마음의 문제라는 태도를 보였다"고 말한다.

　중년이 되었지만, 마음만은 여전히 청춘이다. 흔히 인생에는 정답이 없다고 한다. 인생이 그렇듯이 중년들이 꿈꾸는 사랑에도 정답이 없다. 미숙했던 지난날을 위로하고 남은 날의 성숙한 촉매제가 될 당신의 중년 사랑을 꿈꿔본다.

오승근의 〈내 나이가 어때서〉의 노래 가사처럼,

야야야~~ 내 나이가 어때서
사랑에 나이가 있나요.
마음은 하나요 느낌도 하나요
그대만이 정말 내 사랑인데

눈물이 나네요. 내 나이가 어때서
사랑하기 딱 좋은 나인데

어느 날 우연히 거울 속에 비쳐진
내 모습을 바라보면서 세월아, 비켜라.
내 나이가 어때서 사랑하기 딱 좋은 나인데

사랑을 하면 젊어지는 느낌이 든다. 나이 든 사람일수록 사랑을 할 때 여자는 더 여자로 대접받고 싶고, 남자는 더 남자다워지려고 한다. 이것은 인간의 본능이다. 사랑은 나이를 먹지 않는 것처럼 우리를 착각하게 만드는 마음의 마약이다. 그래서 나이 든 사람일수록 연애를 갈망할지도 모른다. 설레는 욕망, 그런 기분, 그런 감정을 즐기고 싶은 것이 젊다는 것, 살아있음의 존재이기 때문이다. 중년에 다시 피어나라고 열망한다.

어떤 조사 결과에 의하면, 놀랍게도 인생의 중간 평가를 해야 할 중년에 이기적 남편과 헤어지고 싶거나 아내와 사이에 벽이 느껴지는 중년 위기에 놓인 부부들은 의외로 많다.

이것은 자기 인생을 되돌아볼 시간 없이 분주히 앞만 보고 살아온 결과일지도 모른다. 분명 인생의 위기를 맞이하는 시기라면 중년이다. '인생 2모작'의 시간이 중년이라고 생각해도 무방하다. 알 수 없는 분노, 서러움, 새로운 인생에 대한 막연한 동경 같은 것이 터져 나오기도 한다.

중년 위기란 인생의 중간 평가 시간이고, 사춘기의 격동 뒤에 어른이 되는 것처럼 중년 위기 뒤에 진정한 창조가 찾아올지도 모른다. 그 풍랑은 반드시 나쁜 것만은 아닐 것이다.

문제는 어떤 중년을 맞이하느냐에 달려있다. 중년의 대부분은 상당한 스트레스를 받지만, 스트레스를 극복한다면 성장의 기회가 될 수도 있다.

자! 이제라도 젊은 시절부터 가지고 있는 고정관념이나 경험에 사로잡혀 있는 편견으로부터 자유로워야 한다. 유연하고 개방된 사고로 새로운 변화를 받아들이면 더 성장한 멋쟁이 중년이 되지 않을까?

사랑을 끊임없이 꿈꿔보는 약간 철없는 중년도 괜찮지

아니한가? 우리의 인생은 절대 완벽하지 않으니까!

오승근_ 내 나이가 어때서

『트로트 × 고독』
고독이 몸부림칠 때

혼밥, 혼술을 하고 있다면 외로울까? 아니면 고독할까?

현대는 과잉의 시대이다. 먹는 것은 지나쳐 비만이 문제가 되고, 사회적 관계가 지나쳐서 자기 생각이 없어진다고 한다.

그것이 문제라도 되듯이 우리는 코로나19를 지나오면서 자연스럽게 고독을 인식하게 되었다. 고독의 비슷한 말은 쓸쓸함, 외로움이다.

하지만 고독과 외로움은 사전적 의미로는 다른 말이다.

고독은 다른 사람과 접촉이 없이 혼자 있는 상태이고, 외로움은 홀로 되어 쓸쓸한 마음이나 느낌을 말한다.

즉, 고독은 세상과 단절 때문에 생긴 것에 반해 외로움은 관계가 단절된 상태이다. 고독은 혼자 있지만 외롭지 않은 것이고, 외로움은 왠지 무엇인가를 잃은 아픈 느낌이다.

그런데 왜 사람들은 홀로 남겨지는 것을 싫어할까?

어쩌면 인간은 기본적으로 사회적 동물이기 때문일 것이다. 다른 동물들과는 달리 신체적으로 열등하게 태어나 협업을 선택하며 생존하게 되었다. 즉, 생존전략이 협업이다. 개개인은 연약하지만, 집단의 힘은 강해서 공동체의 구성원이 되어 '불안과 공포'로부터 벗어날 수 있었다.

현대로 오면서 인간의 소속 본능은 거부당하게 되고, 혼밥, 혼술하는 새로운 DNA인 신인류가 탄생하였다. 혼자되는 고독과 외로움을, 자발적으로 기꺼이 하는 것을 좋아하는 것. 견디는 것이 아니라 즐긴다는 것으로 바뀌게 되었다.

로빈슨 크루소가 무인도에 혼자 있으면서 고독한 상태였을지언정 외로움을 느끼지 않았을 수도 있다. 반대로 우리는 군중 속에 있지만 외로움을 느낄 수도 있다.

고독하지 않은 인간은 없다. 왜냐면 인간의 본질은 고독 그 자체이기 때문이다. 1990년대 이후 소비의 시대, 인터넷의 시대가 도래하면서 우리는 고독에 대한 연습이 덜 되었던 것은 사실이다. 코로나는 어쩌면 현대인에게 큰 선물일지도 모른다. 사색할 수 있는 시간을 허락했고 고독을 제대로 느껴 보도록 했기 때문이다.

등 떠밀려 혼자의 시간을 보내면 외로움이고, 내가 선택한 시간을 만들어 내면 고독이다.

부정적인 외로움보다는 긍정적인 고독이라는 감정에 우리는 더 친숙해져야 한다. 세상과 떨어져 고독의 시간을 가져 볼 필요가 있다. 나와의 관계에 소홀하여 어색하면 나이 들수록 혼자 있는 것이 괴로울 수 있다. 고독에 시간을 연습하고 진짜 나와 친해지는 시간을 가져야 할 것이다.

독일의 철학자 하이데거에 따르면 "타인과 어울리는 일상적인 세계는 본래 삶이 아니며, 일상 세계로부터 떨어져 나와 고독한 세계가 진짜 삶"이라고 말한다.

고독의 한가운데서 외롭지만 견뎌보고 내 마음과 만나는 경험도 하게 되고, 그래야 나도 모르는 내면의 깊숙한 곳을 볼 수 있다. 완전한 고독 상태에서만이 어쩌면 교착된 삶의 국면을 풀 수 있고 생명의 길을 찾을 수 있는 것이다. 한마디로 고독해야 진정한 공주, 왕자가 된다.

고독이 필요한 이유는 혼자 있는 시간을 견뎌야 위대한 성취를 만들어 낼 수도 있고, 내면의 성찰을 통한 내적 마음의 근육이 단단해질 수도 있기 때문이다.

오히려 고독한 시간은 소중하다. 고독의 시간에서 진짜의 나와의 관계가 솔직하지 않으면 어쩌면 내 주변 사람이 나 때문에 고통을 받을 수도 있다.

고독은 단순히 외로움이 아니라 사람들에게 생각을 집중해서 타인과의 소통을 마련해 주는 숭고한 시간일지도 모른다.

외로움이 싫어 SNS를 통해 '새들의 지저귐', '얼굴 책' 같은 얕은 즐거움을 즐기는 동안, 스스로 내면의 성장과 성취를 위한 고독을 누릴 기회를 놓칠지도 모르니까 말이다!

변진섭의 〈홀로 된다는 것〉이 생각난다.

아주 덤덤한 얼굴로
나는 뒤돌아섰지만
나의 허무한 마음은 가눌 길이 없네

아직 못다 한 말들이

내게 남겨져 있지만
아픈 마음에 목이 메어와 아무 말 못 했네
지난날들을 되새기며
수많은 추억을 헤이며
길고 긴 밤을 세워야지
나의 외로움 달래야지.

이별을 두렵지 않아
눈물은 참을 수 있어
하지만 홀로 된다는 것이 나를 슬프게 해.

　오은영 박사가 말한 '허구의 독립'으로부터 벗어나야 한
다. 한마디로 홀로 된다는 것이 슬픈 일이 아니라 오히려 기
뻐해야 한다. 진짜 나와 만나게 되고 사회적 가면으로부터 자
유로워지게 된다. 타인의 과잉된 애착을 잘라냈을 수 있기 때

문이다. 혼자 있어도 여럿이 있어도 행복해야 한다.

이제 '자기 수용의 자세'는 바로 인간이 통합된 인간으로 가는 기본적 태도이지 않을까?

변진섭_ 홀로 된다는 것

『트로트 × 죽음』
피할 수 없는 죽음의 무거움

인간은 반드시 죽는다.

그렇다면 몇 살에 죽음을 맞이하고 싶은가?

트로트 가수 이애란의 〈백세인생〉의 가사를 보면서 생각

해 보자.

육십세에 저 세상에서

날 데리러 오거든

아직은 젊어서

못 간다고 전해라

칠십세에 저 세상에서
날 데리러 오거든
할 일이 아직 남아
못 간다고 전해라

팔십세에 저 세상에서
날 데리러 오거든
아직은 쓸만해서
못 간다고 전해라

구십세에 저 세상에서
날 데리러 오거든
알아서 갈 테니
재촉말라 전해라

백세에 저 세상에서
날 데리러 오거든
좋은 날 좋은 시에
간다고 전해라

아리랑 아리랑 아라리요
아리랑 고개를 또 넘어 간다

팔십세에 저 세상에서
또 데리러 오거든
자존심 상해서 못
간다고 전해라

구십세에 저 세상에서
또 데리러 오거든

알아서 갈 테니

또 왔냐고 전해라

백세에 저 세상에서

또 데리러 오거든

극락왕생 할날을

찾고 있다 전해라

백오십에 저세상에서 또

데리러 오거든

나는 이미 극락세계

와있다고 전해라

사랑하는 부친이 얼마 전 80세에 소천하셨다. '80대엔 아직도 쓸만하니 못 간다고 전하라고 그렇게 말씀드렸는데…'

이 노래를 들으면 세상에 애착이 많으셨던 부친 생각나서 슬프면서 이상한 감정이 든다.

그럼 삶은 죽음의 끝인가? 인간이 죽을 것이라는 사실은 필연적이며 누구도 피할 수 없다. 어떻게 보면 인간은 태어나서 계속 죽음을 향해 달려가고 있는 존재이다. 즉, 우리는 죽기 위해 태어났다고 해도 과언은 아니다.

그럼 죽음이 모든 것의 끝이라면 죽음은 나쁜 것일까? 우리는 죽음을 어떻게 바라봐야 할 것인가? 또한 살아있다는 것은 무슨 뜻일까?

우리 사회에서는 죽음을 터부 시 하지만, 역설적으로 지금을 더 잘 살기 위해서는 죽음을 이야기해야 한다. 프란츠 카프카(Franz Kafka)는 "삶이 소중한 이유는 언젠가 끝나기 때문"이라고 말한다.

죽음과 마주하고 산다면 우리는 죽음에 대한 태도를 정

할 필요가 있다. 대부분 우리가 죽을 것이라는 사실을 '부정'
한다. 다음으로 '인정'하고 마지막으로 '무시'할 수도 있다. 죽
음에 관해 '무시'하는 태도는 결코 바람직하지 않다.

어쩌면 가장 바람직한 태도는 우리는 언젠가는 죽을 것
이라는 사실을 직면해서 죽음을 기꺼이 받아들이기로 하는
자세이다. 그래야 어떻게 살 것인가 방향을 잡을 수 있다.

"사람은 어디서 와서 어디로 가는 것일까? 내가 이번 생
(生)에서 의미 있게 살다가 가려면 어떻게 해야 할까?", "사후
의 삶이 있을까?"

과학적인 접근으로 임사체험을 통해 죽음을 받아들이는
인간의 뇌를 살펴보았다. 신경과학자인 지모 보르지긴(Jimo
Borjigin) 미국 미시간대 의대 교수 연구팀은 죽음이 임박한
사람들의 특정 뇌 신호를 분석한 연구 결과를 국제학술지 '미
국국립과학원회보(PNAS)'에 공개했다.

임사체험은 죽음이 임박하여 겪는 경험을 뜻한다. 영적 존재를 만나거나 몸이 붕 뜨는 등의 경험을 했다는 증언이 있다. 과학자들은 뇌 활동을 분석해 임사체험의 근원을 알아내려는 시도를 이어오고 있다.

보르지긴 교수팀은 지난 2013년 쥐를 대상으로 한 실험에서 임사체험 관련 특정 뇌 신호를 포착한 바 있다. 심장이 멈춘 후 뇌파가 완전 소멸하기 20~30초 전, 뇌에서 아주 강한 감마파가 포착됐다. 뇌파엔 감마파를 포함해 델타파와 세타파 등의 종류가 있다. 감마파는 의식 활동과 관련이 있는 것으로 알려져 있다.

연구팀은 이번 연구에서 사람을 대상으로 실험했다. 심정지로 병원에서 숨진 4명의 환자가 남긴 심박수와 뇌전도(EEG) 뇌파 자료를 분석했다.

분석에 따르면, 심장 상태가 악화하자 오히려 뇌 활동이 늘어나는 현상이 포착된 것이다. 한 환자의 경우 감마파가 약 300배 증가했다. 감마파는 뇌 뒷부분의 후두엽과 두정엽, 측두엽 간 연결부위인 '의식의 신경 상관물'에서 집중적으로 발생했다.

보르지긴 교수는 "이 부위가 활성화됐다는 것은 환자가 무언가를 보고 들을 수 있으며 감각이 살아있다는 것을 의미한다"라며 "죽어가는 뇌가 여전히 활동적일 수 있다"라는 것이다.

철학적 관점에서 '책상 교수'라는 별명을 가진 셸리 케이건 교수는 『죽음이 무엇인가』라는 저서에서 강조한다.

'무엇이 삶을 살아갈 만한 가치가 있는 것으로 만들어 주는가?'라는 대단원의 질문을 던지며 삶의 가치는 삶 그 자체가 아니라 삶 속에 채워지는 '내용물(contents)' 즉, 삶을 채우는 좋은 것과 나쁜 것의 총합을 통해 삶의 가치를 평가할 수 있다고 답한다(그릇 이론, container theory). 결국 "우리가 주목해야 할 대상은 삶 자체나 죽음 자체가 아니라, 태어나서 죽기까지의 과정"이라는 것이다.

한국인들은 좋은 '죽음'에 대해 다음과 같은 태도를 가지고 있다. 첫째, 고통 없이 육체적으로 편안한 죽음이어야 한다. 둘째, 후회와 집착이 없는 죽음이어야 한다. 셋째, 내 집 내 방 혹은 좋아하는 장소에서 죽는 죽음이어야 한다. 넷째, 가족들 가운데 죽는 죽음이어야 한다. 특히 한국인들에게 죽음은 단지 생물학적인 생명의 단절로서의 끝이 아니라 심리적·철학적·종교적인 측면이 통합적으로 얽혀 있는 복합적인 시각으로 해석한다.

막상 누구에게나 죽음에 대한 공포는 당연하다. 정신과 의사인 엘리자베스 퀴블러 로스 박사는 유대인 수용소에서 임종에 다가선 사람들을 연구하여, 죽음을 수용하는 5단계가 있다고 한다.

1. 부정(denial stage): 나에게 일어날 수 없는 일이라고 부정하면서 병원을 전전하며 확인한다.

2. 분노(anger stage): 왜 하필 자신에게 이러한 일이 일어났는지 화를 낸다.

3. 협상(bargaining stage): 죽음을 연기시키려고 협상한다. 착한 일을 하면 더 오래 살 수 있지 않을까? 이런 식으로.

4. 우울(depression stage): 현실을 직시하고 상실감과 우울증이 나타난다.

5. 수용(acceptance stage): 더 이상의 분노나 우울을 경험하지 않고 가족들과 추억을 나누면서 신상을 정리한다.

Kübler-Ross Grief Cycle

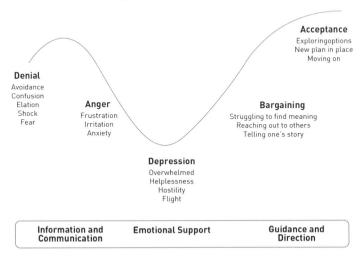

그렇다면, 우리는 죽음을 어떻게 준비해야 할까? 이제는 삶의 유한함과 죽음의 예측 불가능성을 머리로만 이해하지 말고, 일상의 삶에서 구체화해 나아가는 것이 좋은 죽음에 이르는 길이 될 것이다. 죽을 준비하다 보면 행복을 찾고, 삶에 대한 애착도 생길 수 있다.

우리나라의 '죽음 준비 교육'은 아직 걸음마 수준이다. 유서를 미리 써놓고, 주변 정리를 하고 장례비용을 마련해두어야 한다. 그리고 그동안 연락을 끊고 살았던 친척이나 가족, 친구들도 만나다 보면 마음이 편해지고 더 나아가 봉사 활동 등을 하다 보면 삶에 대한 애착도 생겨서 새 삶에 대한 의지를 불태울지도 모른다.

결국, 가장 중요한 것은 간단하다. 우리는 죽는다. 그렇기 때문에 오늘만 산다는 자세로 하루하루를 의미 있게, 가치롭게 최선을 다해서 잘 살아야 하지 않을까?

이제 죽음을 '준비할 수 있는 행복'이라는 단어로 바꿔보자!

'내가 헛되이 보낸 오늘 하루는 어제 죽어간 이들이 그토록 바라던 하루이다.'

−소포클레스Sophocles−

『트로트 × 아줌마』
화를 부르는 호칭, 아줌마

우리나라에서 아줌마란 어떤 존재일까?

당신은 아가씨, 아줌마, 언니, 아내, 이모, 사모님 등 어떤 호칭으로 불릴 때, 제일 기분이 좋은가?

아줌마일지라도 아가씨라 불리면 왠지 더 좋을 것이다. 아줌마라도 여전히 마음 안에는 아가씨가 살아 있다. 흔히 사람들은 결혼한 여성은 '아줌마'로 미혼 여성은 '아가씨'로 호칭한다.

그럼, 아가씨와 아줌마의 차이를 재미로 구별해보자.

요즘은 미시족인 아줌마가 많아졌지만, 여전히 아줌마가

아가씨	아줌마
대부분 결혼을 꿈꾸고	대부분 이혼을 꿈꾼다.
옷을 입을 때 어떻게 하면 살을 더 보일까 고민하고	어떻게 하면 살을 더 감출까 고민한다.
마음이 괴로우면 밤을 하얗게 지새우지만	마음이 괴로우면 걍~ 디비져 잔다.
힘들수록 소심해지지만	힘들수록 강해진다.
뱃속의 허기로 밥을 먹지만	가슴 속의 허기로 밥을 먹는다.
눈물로 울고	가슴으로 운다.
사람이 싫으면 타인을 버리지만	사람이 싫으면 자신을 버린다.
하이힐 신고 뛰어다니지만	운동화 신고도 못 뛴다 .
목욕 후 수건을 몸에 감지만	목욕 후 수건을 머리에 감는다.
버스 요금을 낼 때, 카드나 지갑으로 한 번에 삑~~	버스 요금을 낼 때, 가방을 통째로 찍는다.
화장을 지운 후, 순수한 얼굴이 나타난다.	모든 것이 지워져도 눈썹 문신은 남는다.

더 정이 가는 것 같다.

　대부분은 여성들이 이름과 직함이 있음에도, 여성들을 아
줌마/아가씨로 폄훼해서 부른다. 왜 그럴까?

　'아줌마'는 우리 사회의 멸칭(蔑稱)으로 자리 잡은 지 오

래. 나이 들고, 부끄러움 없는, 그래서 수준 미달이라는 인격 비하의 의미로까지 받아들이는 경우가 많다.

과거에는 이런 호칭이 별문제가 되지 않았지만, 최근 지하철에서 아줌마로 불러 칼부림 사건이 터지자 아줌마라는 호칭은 더 예민해졌다.

알바천국 등 한 일간지가 30~60대 여성 2천여 명을 대상으로 설문조사 결과 '아줌마' 호칭에 기분 나쁜 반응을 보인 건 30대(64%), 40대(60%)였다. 50대 응답자 500명 중 223명, 60대 응답자 500명 중 161명이 아줌마 호칭에 기분 나쁘며, 기분 나쁜 이유는 '나는 아줌마가 아니라고 생각하므로(31%)'가 가장 높았다.

이번 설문조사에서 '아줌마'라 불러도 되는 나이로는 '40세 이상'(30%)이 가장 많은 표를 얻었다. 뒤를 이어 50세 이상(23%), 45세 이상(14%), 60세 이상(11%) 순이었다.

아줌마는 제3의 성이라고 부른다. 즉, 남성도 여성도 아닌 성이라는 것이다. 그만큼 아줌마란 말은 특별하고 독특함을 담고 있다. 우리말 국어사전에는 아줌마는 성인 여자를 친근하게 또는 낮추어 가리키거나 부르는 호칭으로 영어로는 auntie다.

하루가 다르게 물가가 치솟는 가운데 가족의 편의를 위해 여성보다는 아내로서, 어머니로서 장바구니를 든 그들을 가리켜 우리 사회는 아줌마라고 부른다. 또한 지하철이나 공공장소의 화장실을 청소하는 여성, 음식점의 식당에서 일하는 여성들을 가리켜 통칭 '아줌마'라고 부르는 현실이다.

또한 '아가씨'와 '아줌마'는 가부장제 편견의 결과물이다. 아가씨, 아줌마 호칭의 문제점은 그 호칭 자체가 갖는 비하적인 느낌만이 아니다. 남성과는 달리 여성들에게는 이들 호칭이 여성들의 이름과 직함을 사라지게 했다. 즉 여성을 사적인 영역에 가두는 역할을 하고 있다는 것이다.

호칭에는 특정 대상을 향한 사회적 인식이 담겨 있는 것이다. 여성 차별적인 유교 문화권에서 우리 안에 뿌리 깊게 박혀 있고, 이런 표현을 쓰는 사람들의 공통점은 상대방에 대한 배려심이 없는 사람임을 쉽게 알 수 있다. 자신이 상대방보다 우월하니까 나는 이렇게 당신을 하대해도 된다는 무의식중에 그런 마음을 가진 것은 아닐까?

호칭은 생활이다. 관계를 설정하는 데 중요한 요소로 상대방이 듣기에 거북하지 않고 불쾌하게 만들지 않는 배려가 필요하다. 상대방이 꺼리는 호칭을 강요하지 않는 것 등은 서로를 존중할 수 있는 최소한의 노력이자 예의가 아닐까?

아줌마 당신들!!
이제 즐기며 살아가자.

그만 주눅 들고 눈치 보지 말자.

여성들 스스로가 자신의 정체성을 만들어 쟁취해 가자.

풍금의 〈부라보 아줌마〉가 생각난다.

경자영자미자춘자야

집안에서 뭣들 하느냐?

인생이 뭐 있냐. 즐기며 살아가야지.

화를 내고 짜증 내면 나만 손해.

힘든 세상 괴로운 세상

답답하게 살지만 말고

노래 부르고 춤도 춰보자!

부라보 아줌마!!!

우리 아줌마면 어때?

'나는 나지'라는 과도한 자신감과 착각을 하고 살아보자!

왜냐면 우리 아줌마들은 그렇게 열심히 거친 삶을 헤쳐 온 인생의 승리자들이니깐! 무소의 뿔처럼 씩씩하게!

풍금_ 부라보 아줌마

『트로트 × 인생과 술』
인생은 한잔 술

노래가 건네는 한 잔의 술처럼 도대체 인생이란 무엇일까? 인생에서 뭣이 중헌디?

아마도 이 질문에 답할 수 있는 사람은 오로지 자기 자신뿐이다. 내 의지나 선택이 아닌 주어진 우리 삶의 시작은 비록 스스로 만든 것은 아니지만, 그 이후 인생의 여정은 전적으로 우리 스스로가 책임을 지기 때문이다. 이것이 삶인 속성이다.

송대관의 〈네 박자〉의 노랫말 안에 우리의 인생이 있다.

네 박자 속에

사랑도 있고, 이별도 있고, 눈물도 있네

짜짜짠~~~

나 그리울 때, 너 외로울 때

혼자서 부르는 노래

내가 잘난 사람도

지가 못난 사람도

어차피 쿵짝이라네

쿵짝 쿵짝 쿵짜짜 쿵짜

네 박자 속에

사랑도 있고, 이별도 있고, 눈물도 있네

한 구절 한고비
꺾고 넘을 때

우리네 사연을 담는
울고 웃는 인생사, 소설 같은 세상사

세상사 모두가
네 박자 쿵짝

비록 완전하지는 않지만, 인생을 열심히 살아보니 인생의
의미와 가치는 내가 무엇을 소유하였고 무엇을 하고 있는가
의 문제에서, 내가 소유한 것과 내가 지금 하는 일을 어떤 자
세로 대하느냐의 태도의 문제로 삶의 무게 중심이 옮겨지는
것이다.

우리의 인생이 뜻대로 되지 않을 때 우리도 모르게 술병

에 손이 가는 경우가 많다. 어쩌면 술과 인생은 짝꿍이다. 빅토르 위고의 〈장 발장〉에서 "신은 물을 만들었고, 인간은 술을 만들었다"의 유명한 말이 있듯이 인생사에서 술은 빼놓으면 섭섭하다.

사람들은 술을 왜 마시는지도 모르면서 퍼마신다. '인생이 무엇이냐?'와 '술을 왜 마시는가?'는 일맥상통하는 말일지도 모른다. 이처럼 슬플 때, 즐거울 때, 화났을 때 우리는 자연스럽게 손이 간다. 술에게로!

그래서 술은 인생사의 중요한 콘텐츠이다. 독일의 문호 괴테도 "우리를 즐겁게 하는 것은 오직 술뿐이다."라고 말하지 않았는가? 그만큼 술은 사람을 용감하게도 흥분되게도 만든다. 마음의 빗장을 풀게 해서 긴장된 삶을 느슨하게 함으로써 고달픈 인생사를 살게 하는 마음의 약이다.

괴로울 때 마시면 위로의 약이고, 즐거울 때 마시면 기쁨의 두 배로 만드는 묘약이고, 화났을 때 마시면 진정제이자 치료제이다.

우리의 인생은 절대 평탄하지 않다. 상황과 조건은 각각 다르지만 불안정하고 예측할 수 없는 불확실성이 가득하다. 그렇게 인생이라는 것은 설계되어 있다.

중요한 것은 인생극장에서는 성공보다 좌절을 어떻게 극복하는지에 따라 행복과 불행이 결정된다.

인생을 바라보는 우리의 자세는 인생에 모든 것에 기대하면서도 한편으로는 어떤 일이든 닥칠 수가 있다는 태도를 보여야 한다. 대부분의 성공한 사람들은 '어떤 어려움이 닥쳐도 절대 포기하지 말고 맞서야 한다'라고 말한다.

그렇다. 인생에서 실패나 좌절을 겪더라도 포기하지 말고 끝까지 부딪치는 편이 낫다. 그리고 중요한 것은 마음의 평온함이다. 스스로 만족하는 자족의 삶이 인생을 살아가는 데 가장 중요하다. 후회하는 것은 과거에 살고, 근심하는 삶은 미래이고, 삶을 너무 보채지 말고 오늘만 살아가면 되지 않을까? 그 오늘이 모이면 어느덧 성공한 아니 성취된 인생이 되지 않을까?

또한 인생의 동반자인 술에 취해서 인생에 시비 걸지 말아야 한다. 술은 인생을 즐기기 위해 그리고 인생에서 만나는 괴로움을 잊고자 존재하는 것이니까!

송대관_ 네 박자

에필로그

"때는 이때다! 실컷 인생의 피크닉을 즐겨보자!"

트롯하면 가장 먼저 떠오르는 이미지는 '촌스러움'과 '싸구려'라는 단어가 떠오르지 않는가? 이런 인식은 억울하다. 왜냐면 트로트는 저급 문화로 인식된 싸구려가 아니기 때문이다.

역사의 수난에도 끈질기게 명맥을 이어온 생명력 때문에 어쩌면 위대하다. 우리 몸속 DNA에는 오랜 시간동안 잠재되어 있다. 우리의 트로트는 광복 이후의 각인된 B급 이라는 비난에도 굳이 고급을 지향하지 않고 함께 웃고 즐기는 '카니발성'으로써 그저 묵묵히 제 갈 길을 가는 멋쟁이 장르이다. 그리고 트로트는 나를 대신하는 감정, 울고 웃어준다는 점에서 일종의 카타르시스를 느낀다.

이젠 '트로트는 저급한 B급 문화가 아니야!

듣는 트로트'에서 '보이는 트로트'의 진화되어 댄스와 힙합과 같은 다양한 장르와 묶여진 새 것'이다. 한마디로 트로의 부활 시대이다. 앞으로 트로트의 미래는 알 수 없지만 트롯의 DNA가 뿌리 깊게 잠재된 우리 민족은 차세대에도 계속해서 성장되고 지속되어 세대를 연결하고 시대를 위로할 것이다.

심지어 우리의 트로트은 풍진 세상의 위로 애환을 달래주고 토닥토닥 해주는 정서적 동반자이자 친구이다.

특히, 대장암 수술을 받은 후 괴뢰웠던 중년의 부부가 임영웅의 노래를 들으며 "살고 싶어 졌다"또는 자식들이 모두 성장해서 떠나고 집에 혼자 남아 우울증을 앓기도 한다. 그래서 저의 책은 굴곡진 인생을 씩씩하게 견뎌온 오팔 세대의 누군가에게 바치고 싶다.

특히, 홀어머니 밑에서 올곧게 자라준 임영웅을 보면서 울고 웃으며 책을 쓰게 되었으며, 회복 탄력성과 자존감이 높아, 노래 속에 특유의 한과 정서를 녹여내어 저를 감동 시킨 임영웅님께 감사의 마음을 전한다.

당신들이 즐기고 소비한다고 그 누구도 손가락질하지 않아! 당당하게 당신의 인생을 즐기시라!'고 외치고 싶다.

"때는 이때다! 싫컷 인생의 피크닉을 즐겨보자!"

다시 한 번 트로트를 사랑하는 모든 분들께 이 책을 바친다!

* 이 책이 세상에 나오도록 뒤에서 애써주신 박영스토리와 여론조사 전문기관 한길 리서치 감창권 대표님과 방송대 사무총장 김흥진 회장님의 노고에 감사를 드린다.

영웅앓이

초판발행	2023년 10월 10일
지은이	김은주
펴낸이	노 현
편 집	조영은
기획/마케팅	허승훈
표지디자인	Ben Story
제 작	고철민·조영환
펴낸곳	㈜ 피와이메이트
	서울특별시 금천구 가산디지털2로 53, 210호(가산동, 한라시그마밸리)
	등록 2014. 2. 12. 제2018-000080호
전 화	02)733-6771
f a x	02)736-4818
e-mail	pys@pybook.co.kr
homepage	www.pybook.co.kr
ISBN	979-11-6519-459-8 03300

정 가   17,000원

박영스토리는 박영사와 함께하는 브랜드입니다.